Silvan Carabin

Zu gut, um wahr zu sein?

Silvan Carabin

Zu gut, um wahr zu sein?

Lebe dein Leben in Freiheit als Kind Gottes!

GloryWorld-Medien

1. Auflage 2014

Bibelzitate sind, falls nicht anders gekennzeichnet, der Lutherbibel, Revidierte Fassung von 1984, entnommen.

Weitere Bibelübersetzungen:
HFA: Hoffnung für alle, Basel und Gießen, 1983
NGÜ: Neue Genfer Übersetzung, 2009
NLB: „Neues Leben. Die Bibelübersetzung", Holzgerlingen, 2002.
SLT: Schlachter 2000

Das Buch folgt den Regeln der Deutschen Rechtschreibreform. Die Bibelzitate wurden diesen Rechtschreibregeln angepasst.

Bilder: Michelle Hunger
Lektorat: Dorit Bieneck
Satz: Manfred Mayer
Umschlaggestaltung: Kerstin & Karl Gerd Striepecke, www.vision-c.de
Druck: CPI books GmbH, Leer

Printed in Germany

ISBN: 978-3-936322-18-7

Bestellnummer: 359218

Erhältlich beim Verlag:

GloryWorld-Medien
Postfach 41 70
D-76625 Bruchsal
Tel.: 07257-903396 (ab 1.12.14: 02801-9874200)
Fax: 07257-903398 (ab 1.12.14: 02801-9874201)
info@gloryworld.de
www.gloryworld.de

oder in jeder Buchhandlung

Empfehlungen

Ist das Evangelium zu gut, um wahr zu sein? Wenn es richtig gepredigt wird, sollte es das sein ... und wenn das Königreich von Gott demonstriert wird, erledigt sich diese Frage endgültig. Silvan Carabin vermittelt nicht nur eine gute Lehre in diesem Buch. Die Leben, welche verändert wurden durch ihn, machen dieses Buch zu viel mehr als nur Wörter auf Papier. Das Buch „Zu gut, um wahr zu sein?" wird dich ermutigen und herausfordern, in all dem zu leben, was Jesus für dich bezahlt hat!

Seth Dahl
Kinderpastor der Bethel Church, Redding, Kalifornien

Silvan Carabin beginnt inmitten eines reichen geistlichen Erbes hervorzutreten. Anstatt davon eingeschüchtert zu sein, lässt er zu, dass dieses Momentum ihn vorwärts katapultiert. Das ist auch der Hauptpunkt seines ersten Buches. In „Zu gut, um wahr zu sein?" enthüllt Silvan seine Entdeckungen und Erkenntnisse, welche ihn befähigen erfolgreich zu leben. Einiges wird neu für dich sein und anderes nicht, jedoch in einer Weise, die frisch ist. Dieses Buch beinhaltet Leben, das aus jeder Seite heraussprudelt. Silvan glaubt, dass es mehr für uns zu erleben gibt, und das nicht einfach zufällig. Er ist überzeugt, dass ein Leben in den Dimensionen von Jesus normal ist, und zwar für jeden, der bereit ist (was eigentliche Demut bedeutet) in dem zu leben, was man nicht selber produziert hat, sondern einem geschenkt wurde.

Matthias Truttmann
Gemeindeleiter der FCG Aarau

Gott als unseren Vater zu erkennen und unsere wahre Identität auszuleben, ist das Fundament, auf dem alles andere in unserem Leben gedeiht. Gott ist daran, Offenbarung über den Vater und unsere Identität auszubreiten, um die Gemeinde mit Gnade und Kraft auszurüsten. Silvan Carabin trägt in „Zu gut, um wahr zu sein?“ diese gute Botschaft in die Welt. Mach dich bereit, auf dieser Reise mit dem Heiligen Geist durch dieses Buch Gott zu begegnen.

Tom Crandall
Jugendpastor der Bethel Church, Redding, Kalifornien

Inhalt

Widmung

Ich widme dieses Buch meinen beiden Familien:

den Carabins, meiner leiblichen Familie,
und der Freien Christengemeinde Aarau,
meiner geistlichen Familie!

Durch euch erfahre ich Tag für Tag
die Güte und Liebe Gottes.

Er gebe dir, was dein Herz begehrt,

und lasse alle deine Vorhaben gelingen!

Psalm 20,5 SLT

Vorwort

Im Alter von acht Jahren träumte ich davon, vor tausenden Menschen zu predigen. Doch niemals traute ich mir dies zu! Ich war zu introvertiert und schrieb schlechte Schulnoten. Ich hatte das Gefühl, nicht gut genug zu sein, um diesen Traum Realität werden zu lassen in meinem Leben.

Als ich Jahre später in Brasilien predigte, hatte ich eine Begegnung mit Gott. Er sprach klar und deutlich zu mir: „Ich habe dich gerufen und ich werde es für dich machen." Diese krafterfüllten Worte durchdrangen jede Zelle meines Seins. Es war genau das, was ich hören musste! Es befreite mich von jeder Selbstanklage, die sagte, ich sei nicht gut genug. Der Herr erinnerte mich an 1. Thessalonicher 5,24: *„Treu ist er, der euch ruft; er wird's auch tun"* (LUT).

Ich akzeptierte, dass Gott mich so schuf, wie ich bin. Also gab ich mich ihm hin und sah, wie mein Traum Realität wurde! Ich lernte die Person zu sein, als die mich Gott schuf. Schlussendlich stellte ich fest, dass ich wunderbar geschaffen bin und Gott einen Plan hat mit meinem Leben.

Bald darauf wurde ich eingeladen, in einem Fußballstadion vor mehr als 20 000 Menschen zu predigen. Mehr als 1000 Menschen nahmen Jesus als ihren Retter an! In dieser unvergesslichen Nacht erfüllte sich ein Traum, den ich vor 50 Jahren träumte. Gott begann mich für die unglaublichsten Dinge zu gebrauchen, als ich meine wahre Identität in Christus entdeckte.

Was Gott über dich und dein Leben sagt, ist das, was dich wirklich ausmacht – nicht das, was deine Eltern, deine Kinder, dein Ehepartner, Verwandte oder dein Chef sagen. Denke kurz darüber nach. Er sagt, dass du heilig und gerecht bist, dass du sein Sohn oder seine Tochter bist. Wenn du dich so siehst, wie Gott es tut, wird dein Leben radikal verändert! Du wirst in der Realität leben, dass du geliebt und angenommen bist, dass dir alles vergeben ist und du wertvoll bist in Gottes Augen.

In diesem großartigen Buch gibt Silvan Carabin dir die Schlüssel, die dich aufblühen lassen und dein wahres Ich freisetzen. Du wirst entdecken, wer du wirklich bist, und das Buch wird dich inspirieren, so zu leben, wie Gott es für dich vorgesehen hat! In „Zu gut, um wahr zu sein?" hat Silvan das Fundament für ein erfolgreiches Leben gelegt. Dieses Buch wird dein Leben verändern, wenn du dich auf die darin enthaltenen Wahrheiten einlässt.

Gary Oates
Autor des Buches „Öffne mir die Augen, Herr!"
Internationaler Konferenzsprecher

EINLEITUNG

Vor einigen Jahren besuchte ich eine Konferenz mit Gary Oates – einem meiner großen Vorbilder; seine Heilungsgabe und seine Erfahrungen, die er in der geistlichen Welt gemacht hat, sind außergewöhnlich. Während dieser Tage hatte ich lebensverändernde Begegnungen mit dem himmlischen Vater. Es war das erste Mal, dass ich Gott wirklich als Vater erleben durfte und seine liebende Zuneigung und sein unbändiges Verlangen nach Gemeinschaft mit mir erleben durfte!

Ich hatte Visionen vom Himmel und genoss es, im Thronsaal zu sein. Ich erlebte den Frieden und die Ruhe, die in Gottes Gegenwart herrschen, und ich tat dort nicht mehr, als mich in seine Arme fallen zu lassen und seine bedingungslose Liebe aufzusaugen. Mein Vater ließ mich seine Liebe und Freude spüren. Mehr und mehr entdeckte ich, wie seine Liebe mein Herz veränderte. Ich erkannte nicht nur mit dem Kopf, sondern in der Tiefe meines Herzens, dass mein himmlischer Vater wirklich gut ist und mich liebt. Dies alles geschah nicht primär, weil ich durch Gary Oates eine gute Lehre vermittelt bekam, sondern weil ich meinem Vater im Himmel persönlich begegnete!

Dieses Erlebnis hinterließ solch tiefe Spuren in meinem Herzen, dass ich seither nicht mehr derselbe bin. Nicht nur erkannte ich, wie gut der Vater ist, ich erkannte auch, dass ich gut bin, weil er als allwissender und endlos liebender Vater sagt, dass er mich gut findet. Diese Erkenntnis formte in mir eine neue Identität. Das ist etwas, das ich teilen möchte, weil es eine große Freiheit in unser Leben bringt.

Immer wenn ich über diese Identität als Sohn oder Tochter spreche, werden Leute vom Heiligen Geist verändert und schöpfen neue Hoffnung.

Eine zweite, ähnliche Veränderung erlebte ich, als ich plötzlich ein unbändiges Drängen verspürte, das Matthäus-Evangelium zu lesen.

Ich hatte dieses Buch zwar schon ein paarmal gelesen, doch diesmal offenbarte mir Gott ein Thema ganz speziell – seine Gnade. Tag für Tag schenkte er mir mehr Einsicht in ein Thema, das eigentlich jeder Christ kennen sollte. Mit zunehmender Einsicht kam auch zunehmende Freude und Leichtigkeit in mein Leben. So predigte ich ein paar Tage später im Jugendgottesdienst darüber. Die jungen Menschen waren enorm berührt davon, was Gnade wirklich bedeutet, und wurden von alten Denkmustern befreit. Mir wurde klar, dass – obwohl viele von uns meinen zu wissen, was Gnade ist – dies nur wenigen wirklich klar ist.

Ich lade dich ein: Lass dich erfrischen und mitreißen von der Gnade, Liebe und Güte Gottes! Entdecke, wer du wirklich bist, und schöpfe neue Hoffnung!

KAPITEL 1

Du kannst dich entscheiden

Die Entscheidung

Jesus machte gleich zu Beginn seiner Rede, die dazu bestimmt war, das Volk in das Thema Gnade einzuführen, folgendes Statement: „Ich bin nicht gekommen, um das Gesetz aufzulösen, sondern um es zu erfüllen."

Zweifellos lag sogleich die ganze Aufmerksamkeit der Menge auf seinen Worten. Jesus erwähnte weiter, dass beispielsweise das Töten verboten sei. Ein allseits bekanntes Gesetz. Doch was dann über seine Lippen kam, schockierte das ganze Volk: „Wer seinen Bruder beschimpft, ist des himmlischen Gerichts schuldig!" Sofort fühlte sich jeder Einzelne persönlich überführt und schuldig.

Noch von der letzten Aussage benommen, trafen schon weitere Worte von Jesus die Leute ins Herz: *„Wer eine Frau begehrlich ansieht, hat die Ehe bereits gebrochen!"* Harte Worte – jeder Ehemann wurde tief ins Herz getroffen!

Jesus war sich des Zustands des Volkes bewusst. Er zielte darauf ab, das existierende Gesetz auszuführen, ohne dass das Volk dabei sein Herz verschloss. Es war ihm wichtig, dass jeder verstand, was es zu erfüllen galt.

In einer Kultur, in der Schwören etwas ganz Alltägliches darstellte, predigte er: *„Nicht nur sollst du nicht falsch schwören – du sollst gar nicht schwören!"* Kein Einziger saß in der Menge, dem sich die Worte von Jesus nicht ins Herz bohrten.

„Wenn dich jemand auf deine rechte Backe schlägt, halte auch die linke hin."

„Liebe deine Feinde …"

Beschämt saß die Menge vor Jesus. Vor allem jene, die überzeugt waren, gemäß geltendem Gesetz gerecht zu sein.

Keiner traute sich, in die reinen und liebenden Augen von Jesus zu schauen. Ich stelle mir vor, wie sich alle Köpfe senkten und die Stimmung nachdenklich bis bedrückt war. Jesus beschloss seine Rede mit folgendem Satz: *„Darum sollt ihr vollkommen sein, wie der Vater im Himmel vollkommen ist!"* (Matthäus 5).

Schweigen. Entsetzen. Niemand sprach ein Wort. Alle hatten seine Nachricht erfasst – niemand konnte das Gesetz erfüllen. Unmöglich.

Warum tat Jesus so etwas? Hatte er schlechte Laune? Wollte er die Leute bloßstellen? Das kann ich mir nicht vorstellen. Ich bin überzeugt: Jesus zeichnete mit seinen Worten einen Pfeil, der unverkennbar auf Gnade hinwies.

Seine Kernnachricht bestand darin: „Gib auf – du wirst das Gesetz nie erfüllen können!" Jesus stellte das Volk vor eine Entscheidung: „Entweder du versuchst das Gesetz zu erfüllen und wirst zwangsläufig scheitern, oder du machst Gebrauch von der Gnade, um vor Gott gerecht zu sein."

Sollten sie das Gesetz wählen, war der Maßstab zur Erfüllung der Vergleich mit dem Vater im Himmel, den Jesus anstellte – niemand und nichts Geringeres! Das war unmöglich zu erreichen! Was blieb also noch übrig? **Gnade.** Sollten sie die Gnade wählen, mussten sie ihr Recht aufgeben, ihre Gerechtigkeit selbst zu verdienen. Sie mussten das annehmen, was Jesus für sie verdient hatte. Dies zu tun erforderte Demut …

Bereits im ersten Satz seiner Rede teilte Jesus die einzige Antwort mit, wie wir gerecht werden können vor Gott: „Ich bin nicht gekommen, um das Gesetz aufzulösen, sondern um es zu erfüllen.“ *Er* kam, um das Gesetz zu erfüllen, damit wir dies nicht mehr tun müssen.

Alle Anforderungen, die Gott an das Volk stellte, erfüllte Jesus. Er tat dies aus dem einen Grund: damit das Volk – und somit auch wir – es nicht mehr tun müssen. Wir Menschen sind nicht dafür geschaffen, unter einem erdrückenden Gesetz zu leben. Im Garten Eden existierte kein Gesetz. Vielmehr bestand eine Herzensverbindung zwischen Gott und den Menschen. Das Gesetz diente nur einem Zweck: uns Menschen aufzuzeigen, dass wir es niemals erfüllen können.

Paulus schreibt dies in Römer 3,20: *„Denn kein Mensch wird jemals vor Gott bestehen, indem er die Gebote erfüllt. Das Gesetz zeigt uns vielmehr unsere Sünde auf“* (HFA).

Das Gesetz herrscht über uns. Um uns vom Gesetz zu lösen, müssen wir sterben. Mit dem Sterben ist nicht etwa Suizid gemeint, sondern es bedeutet, uns voll und ganz Jesus hinzugeben. Paulus führt dies im siebten Kapitel des Römerbriefes klar aus.

> *Wisst ihr nicht, dass das Gesetz für einen Menschen nur gilt, solange er lebt?* (Römer 7,1 NLB).

Wir müssen zuerst mit Christus sterben, uns ihm ganz hingeben und den Partner unseres Bündnisses wechseln. Der Partner des alten, sündigen Menschen war das Gesetz. Nun sind wir mit Jesus gestorben und mit ihm zu einer neuen Schöpfung auferstanden in ein neues Leben (vgl. Römer 6,4); das alte Bündnis ist nichtig. Diese Tatsache befähigt uns, ein Bündnis mit Jesus einzugehen und in eine Herzensverbindung mit dem Vater einzutreten. Das Gesetz ist in unsere Herzen geschrieben (vgl. Römer 2,15). Es besteht nicht länger ein Druck von außen, es existiert eine innere Freiheit, in Übereinstimmung mit Gott zu leben.

Wenn das Gesetz in unser Herz geschrieben ist, also in unser Innerstes, der Quelle unseres Lebens (vgl. Sprüche 4,23), befähigt uns das, Gott gemäß zu leben. Alles, was nun aus dieser Lebensquelle hervorkommt, ist ausgerichtet nach dem Maßstab Gottes. Dein ganzes Leben richtet sich nach Gott und seinen Maßstäben aus. Wenn das Gesetz jedoch als Druck von außen auf uns wirkt, ist es unmöglich, ihm zu entsprechen! Solange wir dem Gesetz nicht abgestorben sind, sind wir dem Fleisch und seinen sündigen Leidenschaften verfallen:

> *Was wir verstehen müssen, ist dies: Der Mensch, der wir waren, als wir noch ohne Christus lebten, ist mit ihm gekreuzigt worden, damit unser sündiges Wesen unwirksam gemacht wird und wir nicht länger der Sünde dienen.* (Römer 6,6 NGÜ).

Wenn wir aber dem Gesetz absterben und uns ganz Jesus hingeben, schreibt er selbst das Gesetz in unser Herz. Ist es nun *in* unser Herz geschrieben, sind wir nicht mehr *unter* dem Gesetz …

> *Denn ihr lebt* ***nicht unter dem Gesetz****; euer Leben steht vielmehr* ***unter der Gnade*** … (Römer 6,14 NGÜ).

Unter Gnade zu leben bedeutet, uns nicht mehr nach Regeln und Gesetzten auszurichten, die uns erkennen lassen, ob wir auf dem richtigen Weg sind, sondern uns durch die Herzensverbindung zum Vater leiten zu lassen und in Übereinstimmung mit ihm zu leben. Wenn du nun einen Fehler begehst, wirst du nicht mehr verurteilt und bestraft (wie es unter dem Gesetz der Fall war), weil es eben um mehr als Regeln und Gesetz geht, nämlich um eine Beziehung. Wenn du entdeckst, wie wertvoll diese Herzensbeziehung ist, willst du sie unter keinen Umständen leichtfertig zerstören durch Sünde, sondern in Übereinstimmung mit Gott leben. Während du unter dem Gesetz Regeln befolgst, geht es unter Gnade um eine Beziehung.

Gnade ermächtigt

Solange wir immer noch versuchen, das Gesetz zu halten, werden wir nie erleben, wie uns Gnade befähigt heilig zu leben. Bevor uns Gnade ermächtigen kann, müssen wir bereit sein ganz mit dem Gesetzt abzuschließen. Beginnen wir also, Gott und seinem Wort zu vertrauen, und schließen wir mit dem Gesetz ab.

> *Es ist alles erlaubt, aber nicht alles ist hilfreich. Es ist alles erlaubt, aber nicht alles ist gut* (1. Korinther 10,23 NLB).

Unter der Gnade zu leben heißt, sich ganz vom Gesetz abzuwenden. Wir können nicht mit einem Bein im Land der Gnade stehen und mit dem anderen im Land des Gesetzes. Unter der Herrschaft vom Gesetz wirst du die Anforderungen nie erfüllen können. Nimmst du dir eine Stunde Zeit, um in der Bibel zu lesen, hätten es zwei Stunden sein sollen. Weil all unsere Anstrengungen nicht ausreichen dem Gesetz genüge zu tun, ist es wichtig, sich komplett von dem Maßstab des Gesetzes zu lösen! Die beiden Länder – Gnade und Gesetz – sind grundverschieden, du musst dich für eines entscheiden – ich rate dir Gnade zu wählen!

Nun sollen wir freilich nicht in einer „billigen" Gnade leben. „Billige" Gnade bedeutet, dass wir zwar Sündenvergebung in Anspruch nehmen, uns aber Jesus nicht ganz hingeben, also nicht mit ihm sterben und weiter dem Fleisch und dessen sündigen Leidenschaften verfallen sind. Keinesfalls fordert uns die Bibel hier auf, in Sünde zu leben. Jedoch werden wir nur in einen heiligen Lebensstil transformiert, wenn wir mit dem Gesetz ganz abschließen und eine Begegnung mit der Gnade haben.

Paulus stellt daher der Gemeinde in Rom die Frage: *„Sollen wir mehr sündigen, um mehr Gnade zu empfangen?"* Auf keinen Fall! Denn als neue Kreatur willst du nicht mehr sündigen (vgl. Römer 6,1-2).

Hast du einmal Gnade erlebt und bist dem Gesetz gestorben, ist Sünde nicht mehr erstrebenswert. **Gnade ist daher keine Ausrede**

für ein sündiges Leben, sie ist vielmehr eine Einladung in ein heiliges Leben.

Während dir das Gesetz aufzeigt, was du nicht bist, und von dir fordert, was du nicht erfüllen kannst, ist Gnade ganz anders. Gnade fordert nichts von dir, sie nimmt dich an, wie du bist! Das aber ist noch nicht alles: Gnade befähigt dich sogar, heilig zu leben. Denn Gnade wäre nicht wirklich gut, wenn sie dir nicht helfen würde, aus der Gefangenschaft der Sünde zu entkommen.

Leider ist es oft so, dass Menschen das Gesetz mit einem heiligen Lebensstil verbinden und Gnade mit einem sündigen Lebensstil. Das ist aber falsch. Wenn wir durch das Gesetz einen heiligen Lebensstil erlangen könnten, hätte das Gesetz sein Ziel verfehlt und Jesus nicht sterben müssen! Denn das Ziel vom Gesetz ist lediglich, Erkenntnis der Sünde zu bewirken (Römer 3,20)! Das Gesetz ermöglicht dir nicht, heilig zu leben – Gnade schon, sie befähigt dich heilig zu leben!

Paulus schriebt in Römer 7, dass er nicht dies tut, was er eigentlich tun will. Sondern das Böse tut, das er nicht tun will:

> *Obwohl es mir nicht am Wollen fehlt, bringe ich es nicht zustande, das Richtige zu tun. Ich tue nicht das Gute, das ich tun will, sondern das Böse, das ich nicht tun will* (Römer 7,18-19 NGÜ).

Paulus zeigt hier sehr gut auf, wie ein Leben unter dem Gesetz aussieht. Unter dem Gesetz möchtest du zwar heilig leben, aber du schaffst es nicht. Er schreibt, wie er sich als Pharisäer fühlte, bevor er mit Jesus starb, indem er ihm sein Leben anvertraute: Er wollte heilig leben, aber es fehlte ihm die Kraft dazu. Wie gut, dass unser Leben unter Gnade steht, die uns befähigt, heilig zu leben!

Das höchste Gebot

In Matthäus 22 fragte ein Pharisäer, welches das höchste Gebot sei. Jesus antwortete ihm: *„Du sollst den Herrn, deinen Gott, lieben* *von ganzem Herzen, von ganzer Seele und von ganzem Gemüt. Dies ist das höchste und größte Gebot. Das andere aber ist dem gleich: Du sollst deinen Nächsten lieben wie dich selbst"* (LUT).

Es wird oft gepredigt, wir sollten Gott lieben. Dagegen ist nichts einzuwenden. Dies ist jedoch eine Aussage des Gesetzes. Der Pharisäer fragte Jesus nach dem höchsten *Gebot*. Wir leben jedoch nicht mehr unter dem Gesetz, sondern unter der Gnade. Wir sind dem Gesetz abgestorben und daher frei davon.

Was bedeutet das? Johannes schreibt: *„Lasst uns lieben, denn er hat uns zuerst geliebt"* (1. Johannes 4,19 LUT). Wir sollen also den Versuch aufgeben, Gott krampfhaft zu lieben und ihm gefallen zu wollen, sondern uns seiner Liebe hingeben. Genau dies befähigt uns nämlich, ihn wirklich zu lieben. Du musst dem Gesetz zuerst sterben, damit dich die Gnade dazu befähigen kann zu tun, was dir unter dem Gesetz unmöglich war: Gott zu lieben mit deinem ganzen Sein.

Ich lebe dies, indem ich mich immer wieder lieben lasse von Gott. Ich unterbreche meine Arbeit, fokussiere mich auf seine Liebe und lasse mich von seiner Liebe füllen. Ich nehme mir bewusst Zeit, gebe mich seiner Liebe hin und genieße sie. Wenn ich im Büro bin, lege ich meinen Stift zur Seite, denke daran, wie sehr Gott sich an mir freut und wie enorm stark seine Liebe ist gegenüber mir (dazu schreibe ich mehr in Kapitel 5 und 6). Manchmal tue ich das mehrere Minuten, manchmal nur einige Sekunden. Aus solchen Zeiten entspringt meine Liebe zu ihm!

Auf seine Liebe sehen

Der Heilige Geist hat mir einmal einen Traum geschenkt: Ich befand mich in vertrauter Umgebung auf dem Weg zu meinem Elternhaus. Unterwegs durchlebte ich alle vier Jahreszeiten. In jeder Jahreszeit entdeckte ich die Schönheit Gottes und erkannte, dass er aus Liebe zu mir so viel Schönheit in die Natur gelegt hat. Ich hätte schließlich auch auf einer kahlen Kugel leben können, ohne diese Schönheit, die wir auf der Erde genießen. Aus Liebe zu mir schuf Gott die wunderbaren Farben des Herbstes. Die gelben Kornfelder, die im Sommer darauf warten, abgemäht zu werden. Die schneebedeckten Berge und Pflanzen im Winter, die ganz weich aussehen, wie mit Watte überzogen. Auch die hellgrün sprießenden Knospen der Pflanzen, die frisch und neu sind im Frühling. In all diesen wunderbaren Kunstwerken zeigte sich mir die Liebe meines himmlischen Vaters.

Als ich aus dem Traum erwachte, formte sich folgender Satz in meinen Gedanken: **„Wenn du auf meine Liebe siehst, bist du auf dem Weg zum Haus deines (himmlischen) Vaters."**

Auf dem Weg zum Haus deines himmlischen Vaters zu sein heißt: in den richtigen Gedankengängen „unterwegs" zu sein und aus der Offenbarung heraus, dass er dich liebt, zu handeln.

Gott lud mich ein, in jeder Lebenslage auf seine Liebe zu schauen und in allen Umständen seine Liebe in den Fokus meiner Aufmerksamkeit zu rücken. Seitdem ich dies tue, kann ich nicht mehr anders, als ihn zu lieben.

Wenn ich mich entscheide, auf die Liebe meines Vaters zu blicken, kann kommen, was will – ich bin voller Freude und Zuversicht. Ich habe gelernt, im Leben auf die vermeintlich kleinen Küsse vom Himmel zu achten. Oft kommt uns eine Situation oder eine Begebenheit klein und unscheinbar vor, doch gerade darin möchte uns Gott sein liebendes Vaterherz offenbaren. Wie solche Küsse vom Himmel praktisch aussehen können, zeigt nachfolgendes Erlebnis gut auf:

Auf dem Heimweg von der Arbeit in der Gemeinde wollte ich die Frontscheibe meines Wagens reinigen. Es spritzte lediglich kurz aus den Düsen auf die Scheibe, doch für mehr reichte es nicht – der Wassertank des Scheibenwischers war leer. Zuhause stellte ich das Auto auf den Parkplatz und vergaß, das Wasser nachzufüllen.

Am nächsten Morgen erinnerte ich mich daran und war überzeugt, dass ich kaum durch die Scheibe würde sehen können. Wenn es doch nur kurz regnen könnte, sodass der Dreck von der Scheibe abgewaschen würde ... Als ich das Haus verließ, war alles trocken. Doch kaum setzte ich mich hinters Steuer, begann es zu regnen. Der Regen stoppte erst, als der ganze Dreck von der Scheibe abgewaschen war. Dies erscheint jetzt vielleicht klein und unwichtig, doch in dieser Situation war es für mich eine große Hilfe, und es offenbarte das liebende und aufmerksame Vaterherz Gottes. Er kümmert sich um uns – in jeder Situation. Ihm ist das wichtig, was für uns wichtig ist! Situationen wie diese mit dem Regen im richtigen Moment gab es viele in meinem Leben. Und es gibt sie auch bei dir! Wir entdecken diese Situationen immer mehr, wenn wir ihnen Beachtung schenken.

Er hat uns zuerst geliebt; deshalb können wir ihn lieben. Das ist die ermächtigende Kraft der Gnade – zu lieben ist durch die Gnade einfach (und) wunderschön. Zuerst müssen wir uns jedoch davon lösen, ihn krampfhaft aus eigener Kraft lieben zu wollen. Es gibt nämlich nur einen Weg, wie du Gott lieben kannst: wenn du erkennst, wie fest er dich liebt. Wenn du nicht erfahren hast, wie grenzenlos seine Liebe zu dir ist, liebst du ihn aus eigener Kraft.

Nur durch eine Begegnung mit seiner Liebe für uns, erkennen wir, wie gut er ist. Dadurch wird unsere Liebe zu ihm entfacht. **Seine Liebe zu uns bringt uns dazu, dass wir ihn lieben können**.

> *Geradezu überwältigend war die Gnade, die unser Herr mir erwiesen hat, und sie hat in mir einen Glauben und eine Liebe entstehen lassen, wie sie nur durch Jesus Christus möglich sind (*1. Timotheus 1,14 NGÜ).

Hast du dich schon entschieden, ob du dem Gesetz und seinen Forderungen genügen willst, oder ob du das Angebot von Jesus annehmen willst?

Kapitel 2

Die Gnade des Vaters

Der gute Vater

Eines Tages kommt der jüngere von zwei Söhnen zum Vater und bittet diesen, ihm sein Erbteil vorab auszuzahlen. Die darin enthaltene unterschwellige Aussage zerreißt dem Vater fast das Herz: „Ich wünsche mir, du wärst bereits gestorben."

Der Vater lässt seine beiden Söhne abends am wunderbar gedeckten Tisch sitzen und beginnt das Erbe auszuzahlen. Seine Tränen kann er unterdrücken, doch seine Stimme ist zittrig – die Enttäuschung ist ihm ins Gesicht geschrieben. Im Ungewissen über die Pläne seines Sohnes, legt er sich spätabends schlafen.

Was ihn am kommenden Morgen erwartet, trifft ihn hart: Sein jüngerer Sohn erscheint nicht zur Arbeit. Als der Vater nach ihm schaut, muss er mit Schrecken feststellen, dass sein Sohn über Nacht alles gepackt und das Elternhaus verlassen hat. Niemand weiß, wohin er gegangen ist und wie lange er fortbleiben wird. Für den Vater fühlt sich das an, als ob ihm jemand ein Messer ins Herz gestoßen hätte. Es wird ihm ganz übel. Von Trauer überwältigt, muss er sich hinsetzen. Gedanken schießen durch seinen Kopf …

Der Sohn weiß nichts von all den Gedanken seines Vaters. Er verprasst das Vermögen mit seinen Kumpeln und lebt in Saus und Braus. Die Sorgen und Ängste des Vaters kümmern ihn nicht. Im Laufe der Zeit schwindet sein Vermögen, bis nichts mehr davon übrig ist. Und mit dem Geld gehen auch seine Freunde. Dem Sohn bleibt schließlich keine andere Möglichkeit, als sich an einen Bürger des Landes zu wenden und als dessen Knecht seinen Unterhalt zu verdienen. Geplagt von Hunger, hätte er sogar mit den Schweinen aus demselben Trog gegessen. Dies wird ihm von seinem Arbeitgeber jedoch strikt verboten. Langsam aber sicher dämmert es ihm ... Erinnerungen an seine wohlbehütete Kindheit kommen hoch: Wie er mit seinem Vater spielte und sie gemeinsam Spaß hatten und dass sein Vater immer das Beste für ihn wollte. Vor allem aber erinnert er sich, dass es ihm beim Vater an nichts gemangelt hat. Er fühlt sich zwar nicht mehr würdig Sohn zu sein, doch selbst als Knecht würde es ihm sicher gut gehen auf dem Hof seines Vaters ...

Der Sohn will nun schnell zurück zu seinem Vater. Hals über Kopf wirft er alles hin, verlässt den Hof und macht sich auf den Weg nach Hause. Unterwegs drehen sich seine Gedanken im Kreis: Wie wird sein Vater wohl reagieren? Ihn schlagen? Verstoßen? Verdient hätte er es. Wird er ihn als Knecht annehmen? Schnell nähert er sich dem Haus seines Vaters. Er steigt den Hügel hoch und kann über den Geländekamm schauen. Das Tal breitet sich vor ihm aus, mittendrin das Anwesen seines Vaters. Bevor er sich darüber klar werden kann, wie sein Vater reagieren wird, sieht er diesen schon auf sich zurennen. Als sein Vater ihn erreicht, umarmt und küsst er ihn. All die Sorgen, die sich der Sohn vorher gemacht hat, zerplatzen wie Seifenblasen, und sein Herz fühlt zugleich den tiefen Schmerz über sein Versagen und die Freiheit und Freude über die empfangene Liebe.

Entgegen allen Erwartungen und Vermutungen organisiert der Vater ein Fest zu Ehren des Sohnes. Dieser weiß gar nicht, wie ihm geschieht. Er begreift die väterliche Liebe nicht, aber seine Liebe zum Vater wird dadurch neu entfacht. Er kann sich nicht halten vor Weinen. Er begreift, was er seinem Vater angetan hat! Zu sehen, wie dieser ihn aufnimmt, bricht ihm fast das Herz. Zugleich wird er von riesiger Freude überwältigt (vgl. Lukas 15).

Er begegnet dir in deiner Schwäche

Die radikalsten Begegnungen mit dem liebenden Vater wirst du in deinen schwächsten Momenten finden. In Momenten des Versagens und der Fehlentscheidungen. Es kursiert eine faustdicke Lüge in den Köpfen von vielen unter uns, die da lautet, dass Gott sich von uns entfernt, wenn wir sündigen. Das ist falsch! Wenn dein Kind Blödsinn anstellt – würdest du es als Vater dann alleine lassen, oder würdest du nahe bei ihm sein wollen, sodass du eingreifen kannst, sobald dein Kind es zulässt? Gott entfernt sich nicht, wenn wir sündigen. Im Gegenteil. Er ist ganz nahe, weil er weiß, dass wir ihn in diesen Momenten am meisten brauchen. Sobald wir willig sind, uns ihm wieder hinzugeben, wird er uns augenblicklich mit offenen Armen empfangen. Er wird uns mit Liebe und Gnade begegnen, um uns zu befähigen, von nun an heilig zu leben.

Wenn wir einsehen, dass wir ihn durch unser Verhalten verletzt haben, wird das schmerzen. Es wird aber auch gut tun, weil wir dadurch seine bedingungslose Liebe erleben. Wir werden nicht mehr dieselben sein nach einer solchen Begegnung! Sie wird uns seine Güte offenbaren und uns mehr und mehr unsere Identität als Sohn und Tochter aufzeigen. Dies wird uns befähigen, zu leben wie Jesus!

Nachdem Adam und Eva von der verbotenen Frucht gegessen hatten (vgl. 1. Mose 3), versteckten sie sich aus Scham vor Gott. Sie fürchteten sich vor Gott, weil sie nackt waren. Entgegen ihren Vermutungen entfernte sich Gott jedoch nicht von ihnen – er begann sie im Paradies zu suchen. Er wollte ihnen nahe sein. Gott liebt deine Nähe, auch wenn du gesündigt hast.

Die Ehebrecherin

Eine Menge aufgebrachter Pharisäer stürmt in den Tempel. Alle sind bewaffnet mit Steinen, um damit eine Frau zu bewerfen, die sie vor Jesus zu Boden stoßen. Sie haben die Frau auf frischer Tat beim Ehebruch ertappt und fragen Jesus nun, ob sie sie nach dem Gesetz des Mose steinigen sollen. Jesus sieht die Frau liebevoll an. Er schreibt etwas in den Sand. Die Pharisäer wiederholten ihre Frage. Als Jesus fertig geschrieben hat, hebt er den Kopf, schaut ihnen in die Augen und antwortet: „Wer von euch ohne Sünde ist, soll den ersten Stein werfen!" Er senkt den Kopf erneut und schreibt weiter. Einer nach dem anderen lässt den Stein aus der Hand gleiten und verlässt den Tempel. Als alle Pharisäer den Tempel verlassen haben, sieht Jesus die Frau an und fragt: „Wo sind all deine Ankläger? Hat dich keiner verurteilt?" – „Nein!" – „In diesem Fall verurteile auch ich dich nicht. Geh hin und sündige nicht mehr!" (vgl. Johannes 8).

Ich stelle mir vor, wie die Frau weinend den Tempel verlässt und zuhause zusammenbricht, als sie darüber nachdenkt, was gerade geschehen ist. Seine Sanftheit ließ sie dahinschmelzen. Ich bin mir sicher, ihre Liebe zu Jesus wurde entfacht.

Jesus verurteilt Religion

Das Vaterherz Gottes offenbart sich in dieser Begebenheit. Er verurteilt oder bestraft dich nicht! Gott hat kein Interesse daran, dich zu bestrafen!

> *Wo die Liebe regiert, hat die Angst keinen Platz; [Gottes] vollkommene Liebe vertreibt jede Angst. Angst hat man nämlich dann, wenn man mit einer Strafe rechnen muss. Wer sich also noch [vor dem Gericht] fürchtet, bei dem ist die Liebe noch nicht zum vollen Durchbruch gekommen* (1. Johannes 4,18 NGÜ).

Alles was Gott will, ist, dass es dir gut geht! Er will nur das Beste für dich! Er hasst die Sünde, weil sie schlechte Auswirkungen auf dich hat! Sünde zerstört den Menschen! Wenn du sündigst, wirst du von den Auswirkungen der Sünde bestraft, nicht von Gott! Deshalb will er dich durch Gnade ermächtigen, nicht mehr zu sündigen, damit du die schlechten Auswirkungen der Sünde nicht mehr ertragen musst! So gut ist Gott!

Jesus verurteilt Sünder nicht – Jesus verurteilt Religion (vgl. Johannes 8,7-11). Jesus hat kein Problem mit Sündern. Durch seine Gnade wird die Sünde weggewaschen. Mit Religion hingegen hat er ein Problem. Denn religiöse Personen sind selbstgerecht und lassen sich nicht auf Gnade ein. Somit kann Gnade bei ihnen auch keine Schuld wegwaschen. Denn wer alles selbst verdienen will, muss auch alles selbst bezahlen.

Ich bin mir sicher, die Ehebrecherin verließ nach der Begegnung mit Jesus den Tempel komplett verändert. In ihr lag die Kraft, nicht mehr zu sündigen, sonst hätte ihr Jesus nicht gesagt, sie solle hinfort nicht mehr sündigen (vgl. Johannes 8,11). Ich denke nicht, dass sie von der Begegnung mit Jesus fortging und gleich weitersündigte. Stattdessen wurde sie durch Gnade verändert und gestärkt, um heilig und sündlos zu leben.

Auch wenn es nicht im Bibeltext geschrieben steht, bin ich überzeugt, ihre Begegnung mit Jesus beschämte sie. Beschämt zu sein ist gut, wenn wir dadurch erkennen, wie gut Jesus ist. Es ist hingegen nicht gesund, wenn wir nur unser Versagen erkennen. Der Frau wurde klar, was sie Übles getan hatte – und im Gegenzug, wie unendlich gut Jesus war.

Paulus beschreibt dieses Phänomen wie folgt: *„Oder wisst ihr nicht, dass seine Güte euch zur Umkehr leitet?!“* (vgl. Römer 2,4). Durch Strafe werden wir nie einen heiligen und reinen Lebensstil erreichen können. Strafe ist nur eine äußere Maßnahme auf ein inneres Problem. Strafe ist, als ob man einen Mülleimer mit Parfüm einsprüht, damit er nicht mehr stinkt. Das funktioniert nicht. Dem Anschein nach ist danach zwar alles gut; innerlich sind da aber immer noch dieselbe Unordnung und Unreinheit. Durch Strafe benehmen sich die Leute zwar vorübergehend so, wie wir es uns wünschen. Irgendwann jedoch wird die Bombe platzen, weil sie sich nicht mehr verstellen können, und sie handeln ihrem alten Wesen gemäß.

Was uns hingegen nachhaltig und tiefgründig verändert, ist die Güte Gottes, die wie Sauerteig unser Herz einnimmt. Wenn Sauerteig – heute vergleichbar mit Hefe – in einen Teig gegeben wird, durchdringt er den ganzen Teig, lockert ihn und macht den Teig backfähig. Ein kleines Stück dieses Sauerteiges reicht aus, um eine große Menge Teig ganz zu durchsäuern. Die Güte Gottes lässt unser Herz weich werden und führt uns zur Umkehr unseres Denkens (Buße), was uns befähigt, verändert zu leben – heilig und rein.

Geistliche Leiter besitzen die Aufgabe, ihnen anvertraute Personen an einen Punkt zu führen, wo sie die Güte Gottes erleben. An diesem Ort werden sie verändert und ermächtigt, ein nachhaltig reines Leben zu führen. Durch Strafe kann man das nicht erreichen!

Jesus prophezeite über Petrus

Petrus sagte zu Jesus: *„Wenn sich auch alle an dir ärgern, ich werde dies nie tun."* Nach dieser Aussage erwartete er Zustimmung oder ein Lob von Jesus. Was Jesus aber erwiderte, war komplett entgegen Petrus' Vorstellungen. Er prophezeite ihm: *„Noch in dieser Nacht wirst du mich dreimal verleugnen"* (Matthäus 26).

Warum tat Jesus Petrus das an? Prophetie soll doch ermutigen und trösten! Ließ sich Jesus von den bevorstehenden Ereignissen unter Druck setzen, und sprach er, bevor er nachdachte? Nein. In den Worten von Jesus muss so viel Liebe gesteckt haben, dass Petrus sich sicher genug fühlte, das Statement sogar noch wiederholte und sagte, dass er ihn auch dann nicht verleugnen würde, wenn er sterben müsste. Später in der Nacht traf die Prophezeiung Jesu ein, und Petrus verleugnete ihn dreimal. Als dann der Hahn krähte, wurde Petrus sich dessen bewusst und von einer tiefen Traurigkeit erfüllt. Er realisierte, wie übel er versagt hatte. Ihm wurde klar, was er getan hatte. In diesem Moment erfassten die liebenden Worte von Jesus seine Gedanken. Er wusste: Wenn Jesus ihn am Abend zuvor geliebt hatte in dem Wissen, was Petrus tun würde, musste er ihn auch noch lieben, nachdem Petrus es getan hatte.

Bedingungslose Liebe

Jesus liebte ihn, als er bereits wusste, was Petrus tun würde! Als Judas Jesus verraten hatte, wusste er, dass diese Tat den Tod verdiente. Judas war so selbstgerecht, dass er hinging und sich erhängte. Auch Petrus spürte, dass für sein Vergehen jemand mit dem Tod bestraft werden musste. Judas vollstreckte im Gegensatz zu Petrus eine religiöse Handlung, indem er sich selber richtete. Religion will alles selbst verdienen und dadurch auch alles selbst bezahlen. Petrus tat dies nicht. Er ließ Jesus für sein Vergehen bezahlen und sterben – und erlebte Gnade!

Jesus ist das perfekte Abbild des Vaters. Die Liebe und Gnade des Vaters sind nicht an unser Verhalten gebunden. Er sandte Jesus aus Liebe zu uns unvollkommenen Menschen, obwohl er bereits wusste, welches Unrecht sie noch tun würden.

Er wird dich also auch noch lieben, nachdem du versagt hast. Denn wenn er dich einmal liebte, wird er dich immer lieben – er ist ewig und weiß, was du noch tun wirst. Er bewies seine Liebe zu dir, als er Jesus am Kreuz für dich sterben ließ (vgl. Johannes 3,16). Denn schon damals wusste er genau, was du heute und morgen alles vermasseln würdest. Trotzdem liebte er dich. Das bedeutet: Er liebt dich, während du etwas vermasselst und auch nachdem du etwas vermasselt hast. Das ist bedingungslose Liebe.

Wir dürfen die Liebe Gottes als unerschütterliches Fundament in unser Leben nehmen und darauf aufbauen. Gott liebt dich in jeder Situation deines Lebens!

KAPITEL 3

Würdig, aber nicht verdient

Gnade ist unfair und unverdient. Durch Gnade empfängst du, was Jesus für dich erarbeitet hat. Als Leiter der „Healing Rooms" in Aarau werde ich täglich mit Gnade konfrontiert. Jedes Mal, wenn ich – oder jemand anderes aus dem Team – für einen Kranken bete, werde ich in doppelter Hinsicht mit Gnade konfrontiert:

Zunächst lebe ich selber in der Gnade, denn Jesus hat für mich die Heilung am Kreuz verdient. Ich habe dafür nicht gearbeitet. Er hat mich auch würdig gemacht, Heilung durch mich fließen zu lassen, indem er *durch mich* Leute heilt. Zudem erlebt die Person, die Heilung empfängt, Gnade, denn sie hat sich ihre Heilung auch nicht selbst verdient.

Wenn wir Heilung davon abhängig machen, welchen Charakter eine Person hat oder wie sie lebt, sind wir auf dem „Holzweg". **Jesus hat alles verdient für uns. Er hat uns würdig gemacht.** Heilung will Jesus durch alle erwirken – ungeachtet ihrer Lebensumstände, Charaktere oder Bibellesepläne. Das ist Gnade. Er hat uns würdig gemacht, und er hat an unserer Stelle alles für uns verdient. Gedanken des Verdienstes von Heilung entstehen aus dem Gesetz, das den Menschen eine Bürde auferlegt.

Ich habe schon etliche Male erlebt, wie scheinbar unqualifizierte und in Sünde lebende Personen Heilung durch sich fließen ließen und dadurch Menschen geheilt wurden. Warum klappt das? Weil es eben nicht auf den Verdienst der Person ankommt, sondern auf den Verdienst von Jesus am Kreuz. Dasselbe Prinzip gilt auch für andere Themen: Leute erleben finanzielle Wunder, Bewahrung auf der Straße, empfangen prophetische Worte, ohne dies verdient zu haben.

Ich bin auf keinen Fall der Meinung, dass wir in Sünde leben sollen, um dadurch Gnade zu erleben und Wunder durch uns geschehen zu lassen. Aber wir leben alle noch nicht perfekt. Wir alle brauchen Gnade, damit Wunder durch uns geschehen. Und wir erleben jedes Mal, wenn jemand durch uns Heilung empfängt, eine neue Begegnung mit der Gnade des Vaters, die uns befähigt, unser Leben heiliger zu leben als zuvor. Denn so stellen wir fest, dass wir noch nicht perfekt leben, Gott aber trotzdem durch uns wirkt.

Jesus und Barabbas

In Matthäus Kapitel 27 lesen wir von der Verurteilung Jesu. Pilatus erkannte die Unschuld von Jesus. Darum graute es ihm davor, Jesus zu verklagen. Trotzdem ließ er zu, dass Jesus verurteilt wurde, weil er nicht den Mut hatte, seine Autorität einzusetzen. Damals lag ein berüchtigter Gefangener in Ketten – Barabbas, ein gefährlicher Verbrecher. Pilatus befragte das Volk: „Wen soll ich freigeben: Barabbas oder Jesus?" Pilatus begriff, dass Jesus nur aus Neid von den Schriftgelehrten angeklagt wurde. Er rechnete fest damit, dass das Volk Jesus wählen würde. Doch die Hohepriester und die Ältesten hatten das Volk so beeinflusst, dass sie darum baten, Barabbas, den Verbrecher, freizulassen. Die Freilassung war so unfair und unverdient für Barabbas, dass Pilatus es für unmöglich hielt. Verblüfft und schockiert zugleich stand er vor der aufgebrachten Menge. Der Statthalter fragte noch einmal: „Wen soll ich freilassen?" „Barabbas – Barabbas!", antwortete das Volk. Pilatus sprach: „Was wollt ihr mit Jesus machen?" Sie riefen: „Ans Kreuz mit ihm!"

Ein unfairer und für beide unverdienter Tausch. Allen Anwesenden und auch allen Lesern der Bibel ist klar, dass Barabbas die Freilassung niemals verdient hätte. Im Gegenteil – als Verbrecher sollte er ans Kreuz geschlagen werden und Jesus, der heilig und voller Mitgefühl lebte, in Freiheit leben. Ist das nicht schrecklich!?

Doch genau das ist Gnade. Wir als „Barabbasse" – Verbrecher, Unwürdige, Sünder – sollten gekreuzigt werden. Aber exakt das Gegenteil geschah. **Jesus starb für uns, sodass wir bekommen, was er verdient hat, und er bekam, was wir verdient hätten**. Genau derselbe Tausch, wie er vor 2000 Jahren geschah, passiert jedes Mal wieder, wenn sich jemand für Gott entscheidet. Aus einem Sünder wird ein Heiliger (vgl. Kolosser 1,22). Dasselbe geschieht auch jedes Mal, wenn jemand geheilt wird oder ein Wunder erlebt – aus einem Kranken wird ein Gesunder. Niemand von uns ist würdig, es sei denn durch den Tod von Jesus. Auch hat niemand diese Gnade verdient – Jesus hat sie für uns am Kreuz erwirkt.

Die Frage bleibt dieselbe: Religion oder Gnade? Lässt du dir von Jesus die Heilungen und Wunder bezahlen (Gnade), oder möchtest du alles selber verdienen – durch deine guten Taten des Gesetzes (Religion)? Wenn du Gnade wählst, gibst du das Recht auf, etwas selber verdient zu haben, und erkennst an, dass Jesus es für dich verdient hat.

In meiner Schwäche ist er stark. Ich kann mir an seiner Gnade genügen lassen und muss nicht selbst für Heilungen oder andere Wunder bezahlen – so schreibt es Paulus in 2. Korinther 12,9.

Der Heilige Geist sprach einmal zu mir: „Ich liebe es am meisten, dich in jenen Situationen zu beschenken, in denen du dir am stärksten bewusst bist, dass du es nicht verdient hast!" Wie wahr. Er liebt es, uns zu beschenken und mit Gottes Gnade zu beschämen. Wir sind geschaffen, um aus der Gnade zu leben. Wir sind geboren, um auf Kosten von Jesus zu leben. Wenn wir dies tun, werden wir immer ähnlicher leben wie er.

Durch die Entscheidung, aus der Gnade zu leben und das in Anspruch zu nehmen, was Jesus für uns bezahlt hat, wird sein Lebensstil immer mehr zu unserem Lebensstil. Dies gilt beispielweise in Bezug auf Geistesgaben (vgl. 1. Korinther 12, 1-11) die wir als „*Gnaden*-Gaben" erhalten, und für Geistesfrüchte (vgl. Galater 5,16-26), die der Heilige Geist in uns wirken wird.

Vor einigen Monaten hatte ich ein starkes Drängen, im Jugendgottesdienst der Gemeinde einen Heilungsaufruf zu machen. Vorher hatte ich mich den ganzen Tag irgendwie dahingeschleppt und war schlecht gelaunt. Ich weiß nicht mehr, was der Grund dafür war, aber ich war sicher kein „Vorzeige-Nachfolger". Als ich durch Worte der Erkenntnis (Offenbarung von Gott über die Vergangenheit oder die momentane Situation einer Person) die Krankheiten aufzählte, die betroffenen Menschen im Gottesdienst „herauspickte" und wir anschließend füreinander beteten, wurden alle wiederhergestellt. Rückenschmerzen, Knieprobleme, kaputte Ellbogen und einiges mehr wurden geheilt. Es war einer jener Momente, in denen ich es meiner Meinung nach am wenigsten verdient hätte, dass Gott durch mich wirkte – trotzdem tat er es in einem erstaunlichen Maß. Ich war beschämt und von einer bedingungslosen Liebe erfasst.

Jakob und Esau

Isaak war alt und blind. Er begann sich Gedanken über seinen Tod zu machen. Als er merkte, dass er bald sterben würde, wollte er Esau, den älteren seiner beiden Söhne, segnen. Dazu bat er ihn, ein Tier zu erlegen und es ihm zuzubereiten. Nach der Mahlzeit würde er ihn dann segnen.

Rebekka, Isaaks Frau, hörte die Worte und erzählte sie Jakob, Esaus jüngerem Bruder. Weil sie unbedingt wollte, dass Jakob den Segen an Stelle von Esau bekäme, trug sie Jakob auf, ihr aus der Herde ein Tier zu holen, das sie dann zubereiten würde. Damit

Isaak Jakob nicht erkannte und den Schwindel nicht durchschaute, zog Jakob Esaus Kleider an und befestigte Felle an seinen Armen und Beinen, um sich genauso behaart anzufühlen wie Esau. Währenddessen bereitete Rebekka das Essen zu. Jakob ging damit zu Isaak. Als dieser ihn fragte, wie er das Tier so schnell gefunden habe, antwortete Jakob, der Herr habe es ihm geschickt. Der beinahe erblindete Isaak bat Jakob näherzukommen, damit er ihn betasten und damit sicherstellen könnte, dass er auch wirklich Esau war. Isaak betastete ihn und stellte fest, dass er zwar Esaus Hände, aber Jakobs Stimme habe. Isaak ließ sich davon aber nicht beirren und erlaubte dem vermeintlichen Esau, das Essen zu bringen, sodass seine Seele gesegnet würde. Er aß das Wild und trank den Wein.

Schließlich ließ er Jakob nahe zu sich kommen, um von ihm geküsst zu werden. Dabei roch Isaak den Geruch von Esaus Kleidern und war somit willig, Jakob, den er für Esau hielt, zu segnen. Er segnete ihn, damit Gott ihm Tau des Himmels und fruchtbare Felder gebe, damit er Korn und Wein in Fülle habe. Nationen sollten sich vor ihm verneigen und Völker seine Diener sein. Er sollte der Herrscher über seine Brüder sein; sie müssten sich in Ehrfurcht vor ihm beugen. Wer ihn verfluchte, den sollte Unglück treffen, und wer ihn segnete, der sollte gesegnet sein (vgl. 1. Mose 27).

Jakob bekam, was sein älterer Bruder verdient hätte. Jakob hatte den Segen nicht verdient. Er hatte nicht einmal das Wild für das Essen selbst gejagt oder das Gejagte zubereitet – seine Mutter erledigte alles für ihn. Esau können wir mit Jesus vergleichen, unserem alteren Bruder. Er hat den Segen verdient. Er hätte gesegnet werden sollen. Die Mutter ist wie der Heilige Geist. Sie hilft uns, zu unserem Segen zu kommen, indem sie uns die Gedanken des Vaters erschließt und wir das empfangen, was wir eigentlich nicht verdient hätten. Natürlich können wir Gott nicht hinters Licht führen, jedoch führt uns diese Geschichte vor Augen, was wir durch Jesus empfangen haben.

Billige Gnade

Jakob wurde gesegnet mit fruchtbarem Land und vielem mehr. Er wurde gesegnet, damit er in einem besseren Stand leben konnte. Wenn wir aus billiger Gnade leben, werden wir nicht befähigt. Billige Gnade meint, dass wir alles tun können, denn Jesus vergibt es sowieso! Es stimmt zwar, dass Jesus alles vergibt, doch tut er dies, damit wir aus der Gefangenschaft von Sünde und Gesetz entfliehen können, um in einem besseren Stand zu leben – nämlich in Freiheit und in Beziehung zu ihm. Billige Gnade dient letztlich dem Gesetz, kann dieses aber nicht erfüllen und nimmt nach den Übertretungen Vergebung in Anspruch. Billige Gnade verändert den Menschen nicht. Die durch wahre Gnade gewirkte Kraft der Veränderung ist es, die uns in einem neuen Stand leben lässt.

Menschen, die aus der **billigen Gnade leben**, messen sich am Gesetz, und **nur wenn sie das Gesetz verfehlen, nehmen sie Gnade in Anspruch**. Sie wollen Vergebung für ihre Sünden, ohne dabei eine Beziehung einzugehen. Wahre Gnade aber ist dem Gesetz gestorben und dient der Beziehung. Wahre Gnade befähigt dich, Frucht zu bringen, wie Jakob dies tun konnte mit seinen fruchtbaren Feldern. Wahre Gnade befähigt dich heilig zu leben. Billige Gnade raubt dir die Kraft.

Wir sind in den Kleidern von Esau unterwegs und riechen wie er. Wir fühlen uns auch an wie er. Dies befähigt uns, aus Gnade zu leben, weil wir bekommen, was Jesus (Esau) verdient hätte.

Paulus schreibt das so: *„Denn ihr seid gestorben, und euer Leben ist verborgen mit Christus in Gott“* (Kolosser 3,3 LUT).

KAPITEL 4

Gnade ist zum Gebrauchen da

Sündloses Leben versus Beziehung

Gottes Anspruch an den Menschen ist es nicht in erster Linie, dass dieser sündlos lebt. Für Gott ist die erste Priorität, in einer Beziehung mit dem Menschen zu leben.

Dies zu verstehen ist enorm wichtig, um in die Freiheit der Gnade zu kommen. Denn es kursiert eine faustdicke Lüge: Gnade sei ein Notausgang, den man nur wählt, wenn man keine andere Option mehr hat. Das aber ist falsch. **Gnade ist vielmehr der einzige Weg, um in der Fülle zu leben.**

Oft stelle ich jedoch fest, dass jene Leute, die behaupten, unter der Gnade zu leben, gerade **die gesetzlichsten Menschen** sind. Sie richten sich nach dem Gesetz: „Was darf ich, was darf ich nicht?" Das Gesetz gibt uns klare Schranken, in denen wir uns bewegen dürfen. **Solche Menschen denken, sie bräuchten keine Beziehung.** Dem gegenüber steht der Wunsch nach einer Beziehung mit Gott. In einer Beziehung ist es nicht das Ziel, Regeln einzuhalten, sondern die Herzensverbindung zwischen dir und dem Partner zu schützen, weil du ihn liebst. Gnade befähigt dich, so zu leben, dass du die Beziehung zu Gott schützen kannst. Regeln befolgen kann man auch außerhalb einer Beziehung.

„Er, der das Wort ist (Jesus), wurde Mensch und lebte unter uns. Er war voll Gnade und Wahrheit …" (Johannes 1,14 NLB). Wenn sogar Jesus „voll Gnade" war, sollten wir dies bestimmt auch sein! Aus der

Gnade zu leben ist keine Option und kein Notausgang, es ist der himmlische Lebensstil und es ist deine Berufung!

Jesus verspricht uns dies: *„Ich aber bin gekommen, um ihnen Leben zu bringen – Leben in ganzer Fülle“* (Johannes 10,10 NGÜ).

Indem Jesus uns Gnade anbietet, bietet er uns das Leben in der Fülle an. Dies ist so, weil uns Gnade befähigt, nach den himmlischen Maßstäben zu leben, und das ist Leben im Überfluss: *„Die Frucht der Gerechtigkeit (leben nach himmlischen Maßstäben) ist ein Baum des Lebens“* (Sprüche 11,30 LUT; Einschub durch den Autor). Wir brauchen also nicht nur Gnade, wenn wir gesündigt haben, sondern auch um nach den himmlischen Maßstäben zu leben und somit Leben im Überfluss zu erlangen!

> *Weil Gott so gnädig ist, hat er euch durch den Glauben gerettet. Und das ist nicht euer eigener Verdienst; es ist ein Geschenk Gottes. Ihr werdet also nicht auf Grund eurer guten Taten gerettet, damit sich niemand etwas darauf einbilden kann* (Epheser 2,8-9 NLB).

„Gerettet“ ist das griechische Wort „sozo“, was so viel bedeutet wie: gerettet, geheilt, befreit. Rettung, Heilung und Befreiung ist also ein Geschenk Gottes, das wir nicht verdienen können, weil es Jesus bereits verdient hat! Niemand möchte etwas zweimal bezahlen. Warum also etwas nochmals verdienen, das Jesus bereits bezahlt hat?!

„Die Croods“

Der Film „Die Croods“ gibt einen Einblick in eine Familie aus der Steinzeit. Dem Vater der Croods ist etwas ganz wichtig, nämlich: nie die Höhle zu verlassen! Er vertritt, dass alles Neue schlecht ist und man sich nur in der Steinhöhle sicher fühlen kann. Er verbietet alles und versucht die Kontrolle zu behalten. In dieser Höhle gibt es keinen Spaß, und niemand fühlt sich wirklich wohl. Als eines Tages diese fade und eintönige Steinhöhle zerbricht und sich eine ganz neue Welt öffnet, bietet sich ein neues Leben an – bunt und spannend. Plötzlich erlebt die Familie etwas ganz Neues, noch nie Dagewesenes, aber überaus Spannendes und Schönes – vergleichbar mit einem Leben nicht mehr unter dem Gesetz, sondern unter der Gnade!

Oft leben auch wir in Steinhöhlen. Wir richten uns nach Regeln und haben keinen Spaß. Die Angst, Fehler zu begehen, lähmt uns. Wir versuchen das Gesetz, das Mose auf Stein geschrieben hat, zu erfüllen und möglichst alles richtig zu machen. Unser Ziel ist es, ein gutes und ruhiges Leben zu haben, in dem aber das Abenteuer fehlt. Wenn wir dem Gesetz aber gestorben sind und unsere Steinhöhle (Leben im Gesetz) zerbrochen ist, öffnet sich uns eine ganz neue Welt. Eine bunte und spannende Welt. Eine Welt, erfüllt mit Gnade, die uns ermächtigt, in einem neuen Stand zu leben. Es scheint zu gut, um wahr zu sein!

Jesus hat bezahlt

> ***Gerechtigkeit** ist: zu bekommen, was wir verdient haben.*

Beispielweise, wenn ich mein Auto parke und kein Geld in die Parkuhr werfe. Wenn ich zurückkehre, klemmt ein Bußzettel unter dem Scheibenwischer.

> ***Barmherzigkeit** ist: nicht zu bekommen, was wir verdient hätten. (Ich bekomme meine verdiente Bestrafung nicht.)*

Beispielsweise, wenn ich mein Auto parke und kein Geld in die Parkuhr werfe. Wenn ich zurückkehre, klemmt ein Zettel unter dem Scheibenwischer: „Wir haben Ihnen keine Buße erteilt."

> ***Gnade** ist: zu bekommen, was wir nicht verdient haben. (Ich bekomme den Segen, den ich nicht verdient habe.)*[1]

---

[1] Kursive Stellen: Zitate von Chris Gore (Leiter des Heilungsdienstes, Bethel Church, Redding, USA).

Beispielsweise wenn ich mein Auto parke und kein Geld in die Parkuhr werfe. Wenn ich zurückkehre, klemmt ein Fünfzig-Franken-Geldschein unter dem Scheibenwischer mit der Notiz: „Wir haben Ihnen die Buße erlassen und Ihnen ein kleines Geschenk gemacht."

Gnade ist unverdiente Gunst. Wir haben Gunst bei Gott – ohne es verdient zu haben! In meinem Leben gibt es Personen, die können anstellen was sie wollen, sie stehen bei mir in der Gunst – vor allem kleine Kinder. Wenn ein kleines, süßes Kind mich anlächelt und nach Süßem fragt, gebe ich es ihm, ohne dass es etwas dafür tun muss … Unverdiente Gunst!

Als Jesus am Kreuz hing, schrie er: *„Es ist vollbracht!"* (Johannes 19,30). Dieser Satz ist gleichbedeutend mit: „Es ist bezahlt." Derselbe Satz wurde in jener Zeit im Römischen Reich auch für bezahlte Schulden verwendet. **Jesus hat für uns bezahlt – nicht nur die Strafen für unsere Sünden, auch die Kosten unserer Heilung („sozo") und all dessen, was es im Himmel gibt und wir nicht verdient hätten.**

Vielleicht denkst du: „Das ist zu gut, um wahr zu sein …", doch nur weil sich etwas zu gut anhört, um wahr zu sein, heißt es nicht, dass es nicht wahr ist.

Wir brauchen Gnade nicht nur, wenn wir Fehler machen oder gesündigt haben. Wir brauchen auch Gnade, wenn wir in eine neue geistliche Dimension durchbrechen wollen. Wir brauchen auch Gnade, wenn wir Heilung wollen. Alles, was Jesus bezahlt hat und wir gerne hätten, wird durch Gnade erreicht.

Stell dir vor, jemand schenkt dir ein Auto. Er hat es bezahlt. Er überreicht dir den Schlüssel und die Papiere; du musst es nur noch im Autohaus abholen. Statt es jedoch abzuholen, sparst du zuerst zehn Jahre, weil du dir das Auto selber noch nicht leisten kannst. Wenn du schließlich das Geld beisammen hast und zum Autohaus gehst, um das Auto zu kaufen, stellst du fest, dass es bereits bezahlt ist. Derjenige, der dir das Auto vor zehn Jahren geschenkt hat, hat es wirklich bereits bezahlt. Deine ganze Mühe war also umsonst. Genauso stellen wir uns an, wenn wir denken, dass wir uns alles selbst verdienen müssen. Doch Jesus hat am Kreuz alles bezahlt. Geh und hol ab, was du brauchst. Es kostet ihn nichts mehr, dich zu heilen, denn diese Rechnung hat er bereits beglichen. Du musst auch nicht mehr dafür arbeiten; er hat wirklich schon alles bezahlt.

Durch Gnade ist das Paradies wieder offen. Wir können wieder vom Baum des Lebens essen und eine Begegnung mit dem Vater haben. Der jüngere Sohn hat sein Erbe frühzeitig bezogen und ist anschließend weit weggezogen (vgl. Lukas 15). Dasselbe geschah beim Sündenfall – Adam und Eva entschieden sich, den Garten zu verlassen, als sie die Frucht vom Baum aßen. Doch genau wie der Vater den Sohn mit offenen Armen empfangen hat, empfängt uns Gott auch mit offenen Armen zurück ins Paradies. Der Sohn hat das Festessen nach seiner Rückkehr weder selber bezahlt, noch hat er es verdient. Genauso verdienen wir Gottes Gnade nicht.

Wann immer wir die himmlische Realität erfahren wollen („sozo"), brauchen wir Gnade, denn ohne Gnade können wir nicht in den Garten Eden treten. Wann immer wir himmlische Gerechtigkeit, himmlischen Frieden oder himmlische Freude erfahren wollen, brauchen wir Gnade. Denn diese Dinge gibt es nur im Königreich Gottes, in das wir alleine durch Gnade eintreten können.

In den „Healing Rooms" habe ich viele Lektionen gelernt. Unter anderem diese: Ich ging an einer jungen Frau vorbei. Dabei hatte ich den Eindruck, ich sollte sie berühren. Als ich dies tat, spürte ich nichts. Es war ja schließlich auch kein Gebet – es war nur eine Berührung. Bevor sie die „Healing Rooms" wieder verließ, füllte sie ein Formular mit ihrem Zeugnis aus. Auf diesem stand: „Jemand berührte mich, und im selben Moment waren all meine Schmerzen in der Nase weg …" In solchen Situationen wird mir immer wieder klar, was Gnade ist: In dem zu leben, was Jesus bezahlt hat.

Sie hatte eine Berührung mit dem Königreich Gottes und wurde geheilt.

Wie würdest du damit umgehen, wenn du jemandem ein Haus kaufst, der Beschenkte aber statt darin zu wohnen sparen und arbeiten will, damit er es sich selbst kaufen kann? Er wäre zu stolz, um dein Geschenk anzunehmen. Dabei wäre es doch dein Wunsch, dass er dein großzügiges Angebot annimmt. Kann es sein, dass wir Gott gegenüber sehr oft genau dies tun? Sind wir nicht manchmal zu stolz, um seine Geschenke anzunehmen, und arbeiten deshalb für etwas, was er bereits bezahlt hat? Wenn wir dies tun, stellen wir uns selbst wieder unter das Gesetz! Wenn wir jedoch verstehen, dass wir stolz sind, ist es nicht schwer, unser Verhalten zu ändern.

Wenn wir Gnade in der Tiefe verstehen, als ein Geschenk, das nicht verdient werden kann, werden wir wirklich begreifen, dass Gott ein überaus guter Vater ist, der jeden heilen will – heute!

Es ist unmöglich, zu behaupten, Gott wolle nicht jeden heilen, wenn wir Gnade in der Tiefe verstanden haben.

KAPITEL 5

Identität

Wiederhergestellt als Original

Als Gott im Paradies den Menschen in seinem Ebenbild schuf (vgl. 1. Mose 1,27), bewertete er ihn als „sehr gut" (vgl. 1. Mose 1,31). Im Paradies wirkte keine „sündige Natur" im Menschen, sonst hätte Gott ihn nicht als „sehr gut" bezeichnet. Nach dem Sündenfall wurde das einst so wunderbare Geschöpf Mensch vom Virus der Sünde stetig zerfressen (vgl. Römer 5,12). Eine sündige Natur wirkte nun im Menschen. Nicht nur innerlich schien der Mensch dem Untergang geweiht, auch körperlich verschlimmerte sich seine Lage nach und nach. Erst als Jesus auf diese Erde kam und sich für den Menschen hingab, konnte der Virus der Sünde beseitigt werden. Die einst sündige Natur des Menschen wurde getötet, als wir uns ganz Jesus hingegeben haben (mit ihm starben) damit nun wieder eine sündlose Natur im Menschen leben kann (vgl. Römer 5,15-18). Dadurch wurden wir in den Paradieszustand zurückversetzt. Statt der von Sünde geprägten Identität wirkte ab da erneut die göttliche DNA im Menschen.

> *Wir wissen ja, dass unser alter Mensch mit ihm gekreuzigt ist, damit der Leib der Sünde vernichtet werde, sodass wir hinfort der Sünde nicht dienen. Denn wer gestorben ist, der ist frei geworden von der Sünde* (Römer 6,6-7 LUT).

Wir können jetzt immer noch sündigen, jedoch ist es nicht mehr unsere Natur zu sündigen. Der alte, sündige Mensch wurde getötet und damit eine neue Kreatur zum Leben erweckt.

> *Darum: Ist jemand in Christus, so ist er eine neue Schöpfung; das Alte ist vergangen; siehe, es ist alles neu geworden!* (2. Korinther 5,17 SLT).

Wenn Gott uns ansieht, nachdem wir wiedergeboren sind, sieht er uns gleich wie Jesus – oder wie Adam vor dem Sündenfall. Gott bewertet uns und unser ganzes sein wieder als „sehr gut". Jeder Einfluss der Sünde auf uns wurde gebrochen und entfernt (vgl. Römer 5,19). Jesus hat am Kreuz alles bezahlt, damit wir gesund sein können – äußerlich wie auch innerlich. Durch die Tatsache, dass unser altes Ego mit Christus gestorben ist, lebt nun er in uns. Wir erhalten seine Gedanken. Wir müssen uns selbst nicht mehr verleugnen, sondern können endlich ausleben, was in uns steckt – endlich dieser göttlichen DNA in uns die nötige Plattform geben.

> *Ich lebe, aber nicht mehr ich selbst, sondern Christus lebt in mir* (Galater 2,20 NLB).

Johannes der Täufer predigte: *„Ich muss abnehmen – Jesus muss zunehmen"* (vgl. Johannes 3,30). Johannes war nicht wiedergeboren, denn er lebte im Alten Bund. Wenn wir gestorben sind mit Jesus und unser alter Mensch getötet wurde, ist dieser offensichtlich komplett vernichtet oder hat – mit den Worten von Johannes – abgenommen. Am neuen Menschen gilt es nun aber zuzunehmen. Bill Johnson (Hauptpastor der Bethel Church, Redding, USA) formuliert es so: „Gott will alles von mir, überdeckt mit allem von ihm."

In der Geschichte von Jakob und Esau aus 1. Mose 27, die ich bereits im Kapitel 3: „Würdig, aber nicht verdient" niedergeschrieben habe, sehen wir Folgendes:

Wir riechen wie Jesus und fühlen uns an wie Jesus; wir behalten jedoch unsere Stimme. Jeder von uns hat immer noch seine eigene Art, seine Kreativität, seine Begabungen, all das, was ihn auszeichnet. Wir sind nicht alle gleich.

> *Ich preise dich darüber, dass ich auf eine erstaunliche, ausgezeichnete Weise gemacht bin. Wunderbar sind deine Werke, und meine Seele erkennt es sehr wohl* (Psalm 139,14 ELB).

Wir müssen unsere Stimme nicht verstellen. Anders gesagt: Wir müssen uns nicht selbst verleugnen, nur weil wir wie Jesus sein wollen. Verstellte Stimmen klingen meist doof. Lebe deinen Charakter aus. Extrovertiert, introvertiert, laut, leise – lebe so, wie er dich geschaffen hat. Du bist ein Ebenbild Gottes, so wie du bist! Es gibt einen Grund, warum er dich so schuf, wie du bist. Wenn du deine Stimme verstellst, wirst du nie in deiner Berufung laufen können, denn dafür braucht es *dich* – keine verstellte Stimme! In meinem Leben habe ich Folgendes gelernt: Gott wirkt am meisten durch mich, wenn ich „ich selbst" bin!

Du wirst dein Potenzial nie ausschöpfen, wenn du nicht verstehst, dass bereits alles in dir steckt. Du bist wie ein Samen, der von Gott in die Erde gelegt wurde und zu einem Baum heranwachsen soll! Du musst nicht mehr weiter abnehmen oder dich selbst verleugnen. Du hast das getan, als du mit ihm am Kreuz gestorben und zu einem neuen Leben auferstanden bist (vgl. Römer 6,6-8). Indem du dein Leben verloren hast, hast du es gewonnen.

Wahrheit versus Lügen

Grundsätzlich können wir Lügen über zwei Personen glauben: über Gott und über uns selbst. Sehr viele Leute haben Mühe, mit Gottes Sicht übereinzustimmen. Dies beginnt bei Bibelstellen über Gerechtigkeit in Christus, die sie zwar lehren, aber nicht ausleben, und führt weiter zum eigenen Selbstvertrauen und zur Berufung. Obwohl mit großer Sicherheit noch gesündigt wurde in

Ephesus, schrieb Paulus in seinem Brief: „... *an die Heiligen in Ephesus ...*" Obwohl wir manchmal noch sündigen, sind wir immer Heilige! Viele von uns sind wie der ältere der beiden Brüder aus der Geschichte in Lukas 15, die arbeiten und kaum ein Ergebnis sehen. Sie arbeiten für die Gunst Gottes, die sie bereits haben. Sie arbeiten für das Vermögen des Vaters (Segen, Gaben, etc.), das ihnen bereits gegeben ist. Viele arbeiten auch, um jemand zu werden, der sie schon lange sind. Deshalb sehen sie auch keine Ergebnisse. Wenn du für etwas arbeitest, das dir bereits gegeben wurde, wirst du für deine Arbeit nie belohnt.

Menschen arbeiten, um heilig und gerecht zu werden:

> *Durch seinen Tod hat euch Christus mit Gott versöhnt. Jetzt steht ihr ohne Sünde und ohne jeden Makel vor Gott* (Kolosser 1,22 HFA).

Menschen arbeiten, um geliebt zu sein:

> *Und Gottes Liebe zu uns ist daran sichtbar geworden, dass Gott seinen einzigen Sohn in die Welt gesandt hat, um uns durch ihn das Leben zu geben* (1. Johannes 4,9 NGÜ).

Menschen arbeiten, um Gott nahe zu sein:

> *Ihr seid jetzt also nicht länger Fremde ohne Bürgerrecht, sondern seid – zusammen mit allen anderen, die zu seinem heiligem Volk gehören – Bürger des Himmels; ihr gehört zu Gottes Haus, zu Gottes Familie* (Epheser 2,19 NGÜ).

Menschen arbeiten, um Sieger zu sein:

> *Gott aber sei Dank! Weil wir mit Christus verbunden sind, lässt er uns immer in seinem Triumphzug mitziehen* (2. Korinther 2,14 NGÜ).

Menschen arbeiten, um gesegnet zu werden:

Gepriesen sei Gott, der Vater unseres Herrn Jesus Christus! Gepriesen sei er für die Fülle des geistlichen Segens, an der wir in der himmlischen Welt durch Christus Anteil bekommen haben (Epheser 1,3 NGÜ).

Wir sind nicht mehr Sünder und somit nicht mehr dieselben wie vor unserem Leben mit Jesus.

Aber ihr seid anders, denn ihr seid ein auserwähltes Volk. Ihr seid eine königliche Priesterschaft, Gottes heiliges Volk, sein persönliches Eigentum. So seid ihr ein lebendiges Beispiel für die Güte Gottes, denn er hat euch aus der Finsternis in sein wunderbares Licht gerufen (1. Petrus 2,9 NLB).

Solange wir für Ergebnisse arbeiten, die uns bereits gegeben sind, werden wir nie glücklich sein. Denn wir werden nie bekommen, wofür wir arbeiten – wir haben es schließlich bereits erhalten. **Stattdessen sollten wir erforschen, was uns bereits gegeben ist – und annehmen, wozu uns Christus gemacht hat und wer wir *sind*.**

Frei zum Leben

Paulus schreibt an die Galater. Merklich verzweifelt macht er ihnen etwas klar: Gerechtigkeit kommt nicht aus dem Gesetz bzw. den Werken, sondern allein durch Jesus Christus.

Ich gehöre nicht zu denen, die die Gnade Gottes gering achten. Denn wenn wir durch das Gesetz gerettet werden könnten, hätte Christus nicht sterben müssen (Galater 2,21 NLB).

Eigentlich ganz einfach …

Diese Wahrheit befreit uns, von uns wegzuschauen, auf Gott und auf unsere Berufung. Wenn unsere Gerechtigkeit nicht aus unseren Werken kommt, müssen wir nicht ständig überprüfen, ob wir gerecht handeln und leben. Wir können unseren Blick von uns abwenden und damit aufhören, uns selbst zu beurteilen, und dem Heiligen Geist vertrauen, dass er uns aufzeigt, was es zu ändern gilt. Das bringt Freiheit!

Ich habe mich schon einige Male intensiv mit mir selbst beschäftigt, um meine Motive und mein Handeln unter die Lupe zu nehmen – ohne Erfolg. Ich war jedes Mal entmutigt!

Wenn wir lange genug in uns selbst graben, werden wir immer eine Wurzel finden, die noch nicht gut genug ist …

Wie gut also, dass wir unseren Blick von uns abwenden dürfen, weil wir wissen, dass die Gerechtigkeit sowieso nicht aus uns selbst kommt!

In meiner Karriere als Fußballer, die ihr Ende schon in meinem 14. Lebensjahr fand, habe ich eines bemerkt: Solange ich auf mich selbst und den Ball vor meinen Füßen schaue, bin ich nicht frei genug, um das Spiel im Blick zu haben und somit in den richtigen Momenten das Richtige zu tun.

Die wirklich guten Fußballer sind nicht mit sich selbst beschäftigt, sondern konzentrieren sich auf das Spiel.

Wir sind frei, weil wir uns nicht länger mit uns selbst beschäftigen müssen. Wenn wir verstehen, dass unsere Gerechtigkeit nicht aus uns, sondern aus Jesus kommt, können wir unseren Blick von uns nehmen und auf das Spiel des Lebens richten …

> *Durch das Gesetz werde ich verurteilt, weil ich es nicht erfüllen kann. Ich aber bin mit Christus gekreuzigt, sodass ich jetzt nicht mehr unter dem Gesetz stehe, sondern für Gott lebe* (Galater 2,19 NLB).

Solange wir das nicht tun, werden wir in Unzufriedenheit leben, weil du erstens das Leben verpasst und zweitens ständig an dir siehst, was noch nicht gut genug ist.

Deine Gedanken über dich werden Wirklichkeit

> Achte auf deine Gedanken,
> denn sie werden zu Worten.
> Achte auf deine Worte,
> denn sie werden zu Handlungen.
> Achte auf deine Handlungen,
> denn sie werden zu Gewohnheiten.
> Achte auf deine Gewohnheiten,
> denn sie werden dein Charakter.
> Achte auf deinen Charakter,
> denn er wird dein Schicksal.[1]

> Ich rate dir, dich selbst zu mögen, denn überall, wo du dich hinbegibst, bist du selbst auch.[2]

Wenn du dich selbst nicht magst, bist du immer mit jemandem zusammen, den du nicht ausstehen kannst. Das macht keinen Spaß! Gott mag dich aber, und wenn er dich liebt, bedeutet dies etwas, denn er ist die wichtigste und mächtigste Person im Universum!

Wir denken vielleicht, wir seien demütig, wenn wir uns selbst „erniedrigen". Was wir jedoch in Wirklichkeit tun, ist: Wir lassen uns von Satan berauben. Wir lassen uns nicht nur unserer Identität berauben, wir lassen uns auch unserer Berufung und unserer Träume berauben. Als Gott uns schuf, hat er uns nämlich Träume ins Herz gelegt. Oft denken wir, es sei eigensinnig, diese Träume zu verfolgen, und unter dem Deckmantel von Demut geben wir die Träume auf, die Gott in uns hineingelegt hat. Wenn wir dies tun, geben wir aber nicht nur unsere Träume auf, wir geben eigentlich Gottes Träume auf! Denn Gott hat alles in Samenform in uns hineingelegt und uns dazu berufen, diesen Samen entfalten und

---

[1] Aus dem Talmud (ein bedeutendes Schriftwerk im Judentum).

[2] Joyce Meyer (Leiterin Joyce Meyer Ministries, Autorin und Predigerin aus den USA).

sprießen zu lassen, damit aufgeht, was er sich bei unserer Erschaffung gedacht hatte.

Dies können wir jedoch nur dann tun, wenn wir Gott vertrauen, wenn wir ihm glauben, dass wir diejenige Person sind, die er in uns sieht. Andernfalls lassen wir uns unserer Träume berauben, bevor wir sie richtig geträumt haben. Wir tun dies, weil wir denken, dass es eigensinnige Träume sind oder wir sie sowieso nie erreichen werden.

Wenn über uns in der Bibel steht, dass wir heilig und gerecht sind, bleibt das auch bestehen, wenn wir gerade gesündigt haben. Gott hat eine höhere Perspektive, und er hat immer recht! Diese höhere Perspektive über uns bekommen wir, wenn wir biblische Wahrheiten über uns denken und über uns aussprechen. Wenn du beginnst in Gottes Wahrheiten zu denken und sie auszusprechen, wird sich deine Identität festigen. Wir sind stolz, nicht demütig, wenn wir unserer Sicht mehr trauen als Gottes Sicht! Denn wann immer wir unsere Identität aus den Augen verlieren, wird es für uns unmöglich, das zu erreichen, was er für uns vorgesehen hat.

Wenn wir denken, wir dürften uns nicht als heilig betrachten, nur weil wir ab und an in eine Sünde zurückfallen, nehmen wir uns selber die Chance, heilig zu leben. **Ein heiliger Lebensstil ist ein Ergebnis deiner Identität, nicht deiner Anstrengung!** Wenn du verstehst, wer du bist, wirst du verstehen, warum es dich gibt. Was immer an Identität in deinem Herzen ist, wird zum Vorschein kommen in deinen Werken.

Satan klagt uns an und lässt uns Lügen über uns selbst glauben: Wir seien nicht heilig, nicht gerecht, nicht gut genug und nicht geliebt. Wenn wir diesen Lügen glauben, werden wir uns immer schämen und uns nicht gut genug fühlen, um in unsere Berufung zu treten. Wenn wir zulassen, dass wir aus Scham nicht in unsere Berufung treten, hat Satan sein Ziel erreicht.

In 1. Johannes 2,1 steht, dass wir nicht mehr sündigen sollen:

Meine Kinder, dies schreibe ich euch, damit ihr nicht sündigt; und wenn [treffender wäre an dieser Stelle „falls"] *jemand sündigt, so haben wir einen Fürsprecher bei dem Vater; Jesus Christus, der gerecht ist* (LUT; Einschub durch den Autor).

Wir sind berufen, nicht mehr zu sündigen, da unser neuer Mensch nicht mehr sündig ist. Falls wir nun doch noch sündigen sollten – was jedoch nicht die Regel ist –, haben wir einen Fürsprecher: Jesus Christus. Was bedeutet es nun, einen Fürsprecher zu haben? Ein Beispiel dazu: Wenn dich Satan beim Vater (Gott) anklagt, weil du gesündigt hast, kommt Jesus (unser Fürsprecher) ins Spiel. Er *„spricht für"* uns zum Vater, dass an dir keine Schuld mehr zu finden ist, weil du reingewaschen bist!

Genau in solch einem Fall befähigt uns Gnade, trotzdem in unserer Berufung zu leben. Durch Jesus, unseren Fürsprecher, wird nämlich die Anklage von Satan verworfen!

Durch meine Arbeit im SOZO (ein Werkzeug für innere Heilung, Befreiung und Freisetzung) habe ich diesbezüglich Folgendes festgestellt: Wenn du von dir denkst, dass du ein Betrüger bist, wirst du immer betrügen. Wenn du glaubst, du bist ein Sünder, wirst du immer sündigen. Wenn du jedoch glaubst, dass du heilig und gerecht bist, wirst du immer mehr danach leben. **Was in dir ist, gibst du weiter, denn du kannst nur weitergeben, was du in dir trägst!**

Wenn du von dir denkst, du bist ein Versager, wirst du immer versagen – wenn du jedoch glaubst, dass du ein Sieger bist, wirst du immer mehr Schlachten in deinem Leben gewinnen!

Wir haben das Gefühl, dass wir übernatürlich handeln müssen. Wir müssen für Leute beten, und wenn sie geheilt werden, haben wir den Beweis, dass wir übernatürlich leben. Wie wäre es damit: Du glaubst der Wahrheit, und du denkst von dir selbst, dass du übernatürlich bist, weil der Himmel deine Heimat ist!

> *Er hat uns mitauferweckt (mit Jesus) und mitsitzen lassen in der Himmelswelt in Christus Jesus* (Epheser 2,6 ELB – Einschub durch den Autor).

Dadurch nimmst du den Stress weg und befreist dich von der Anklage, zu wenig Wunder zu wirken. Du handelst nicht übernatürlich – du *bist* übernatürlich. Alle Wunder sind ein Ergebnis deines Seins. Jesus hat nie Wunder gewirkt, um den Leuten etwas zu beweisen – er hat Wunder gewirkt, weil es seine Natur ist.

Träumen

Erwin McManus (Leiter der Mosaic Church, Los Angeles, USA) schreibt: „Wache auf und beginne zu träumen – dann kreiere dir deine Zukunft." Wenn wir das Träumen aufgeben, werden wir nie eine Vision haben. Ohne Vision werden wir uns verlieren und am Ende des Lebens nichts erreicht haben. (vgl. Sprüche 29,18). Ohne Träume haben wir keine Zukunft!

Lass dich nicht von geplatzten Träumen hindern, erneut zu träumen. *„Der Gottesfürchtige kann sieben Mal fallen und wird doch jedes Mal wieder aufstehen …"* (Sprüche 24,16 NLB). Sei ein Held, der nach einer Niederlage wieder aufsteht und jetzt erst recht alles gibt, um seinen Traum zu erfüllen. Die Welt braucht das, wovon du träumst. Lass dich nicht hindern, deinen Traum Wirklichkeit werden zu lassen!

In 1. Mose 15,5-6 ist die Geschichte eines Träumers niedergeschrieben:

> *Der Herr führte Abram nach draußen und sprach zu ihm: „Schau hinauf zum Himmel. Kannst du etwa die Sterne zählen?" Dann versprach er ihm: „So zahlreich werden deine Nachkommen sein!" Und Abram glaubte dem Herrn, und der Herr erklärte ihn wegen seines Glaubens für gerecht* (NLB).

Abram hatte noch immer keinen Sohn, und seine Situation schien ausweglos. Wie konnte er Vater vieler Nachkommen werden, wenn er nicht einmal einen Sohn hatte?! Gott führte ihn aus seinem Zelt, um ihn dort träumen zu lassen. Er ließ ihn in den Sternenhimmel blicken und die Sterne zählen. Auf der einen Seite zeigte Gott ihm auf, dass seine Nachkommen zahlreich wie die Sterne – also unzählbar – sein würden. Auf der anderen Seite ließ Gott Abraham durch den Sternenhimmel seine Größe erkennen, was mindestens genauso wichtig ist. Wann immer wir träumen, schauen wir in die Zukunft und erkennen, wozu wir berufen sind. Doch wir sehen dabei nicht nur unsere Berufung; wir erkennen auch die Größe Gottes.

Schon oft, wenn ich niedergeschlagen war, forderte mich Gott auf, „aus meinem Zelt zu treten". Er forderte mich auf, zu träumen. Dies führte mich jedes Mal in eine Freiheit, weil ich zwei Wahrheiten erkannte: Ich erkannte, wozu ich berufen bin, und wie groß Gott ist.

Träumen ist befreiend und wohltuend, weil wir die Wahrheit über uns und die Wahrheit über Gott erkennen. Wenn wir in unseren Träumen die Größe Gottes nicht sehen können, träumen wir zu klein. Wenn wir seine Hilfe nicht benötigen, um zu erreichen, wovon wir träumen, ist unser Traum zu klein! Träumen richtet uns aus. Wenn wir ein Ziel oder eine Vision haben, lässt sich auch Schmerz viel einfacher ertragen, um dorthin zu gelangen.

Ich bin überzeugt, dass wir, wenn wir auf irgendeinen Anderen und dessen Berufung eifersüchtig sind, unsere eigene Bestimmung noch nicht völlig entdeckt haben. Wenn wir unsere Berufung in ihrem ganzen Ausmaß entdecken, werden wir uns so wohl darin fühlen und damit so zufrieden sein, dass wir nie mehr eifersüchtig sein werden über die Berufung eines Anderen oder über ein prophetisches Wort, das ein Anderer empfängt.

Uns dessen bewusst zu sein, wofür Gott uns auf diese Erde gebracht hat, ist es wichtig, uns nicht vom Weg abbringen zu lassen – wodurch auch immer.

Abraham wurde ermutigt und befreit. Er sah sich in der richtigen Perspektive – als Vater Vieler, und er sah Gott in der richtigen Perspektive – als Schöpfer des Universums. Träumen ist nicht nur gesund, sondern notwendig!

Schließlich wurde Abraham durch das Träumen zum Vater von Vielen, und seine Nachkommen sind so zahlreich wie die Sterne am Himmel.

Dein Name

Im Alten Testament hat Gott oft Namen geändert. Abram nannte er Abraham, Sarai änderte er zu Sara. Manchmal hat er die Namen bewusst vergeben, wie bei Josua. Ihn nannte Gott so, weil er wusste, dass er die Ermutigung, die in seinem Namen steckt, gebrauchen würde. Namen definieren in der hebräischen Kultur die Identität des Menschen: So wie du heißt, so bist du. Abraham und Sara konnten erst Kinder bekommen, nachdem Gott ihre Namen und damit ihre Identität geändert hatte. (Abram bedeutet: „Der Vater ist erhaben." Abraham bedeutet: „Vater von Vielen".) Dies aus einem Grund: Sie brachten aus ihrem Leben das hervor, was ihre Identität war.

Wenn also jemandes Identität geändert wird, richtet sich auch sein ganzes Leben danach. Aus diesem Grund ist es enorm wichtig und entscheidend, wie wir von uns selber denken. Die Gedanken Gottes über uns sollten wir deshalb wie einen Schatz in unserem Herzen bewahren!

Der Name Josua beispielsweise bedeutet „der Herr, mein Retter" oder „der Herr, mein Heil". Die Bedeutung seines Namens entsprach der Wahrheit über den israelitischen Führer und seinen Gott. Und diese wurde täglich über Josuas Leben ausgesprochen.

Dementsprechend veränderten sich sein Herz und sein Denken. Als er später beim Auskundschaften des verheißenen Landes Menschen wie Riesen und die großen Früchte zu Gesicht bekam, wurde sein Denken und Handeln von dieser inneren Überzeugung geleitet, die durch das Aussprechen seines Namens entstanden war. Josua war überzeugt, dass sein Gott ihn retten und ihn dieses Land unbeschadet einnehmen lassen würde. Diese Wahrheit befähigte ihn, als Leiter einer Nation das verheißene Land zu erobern, als die Zeit dafür reif war!

Ich glaube, dass Gott noch heute Personen Namen gibt, um ihre Identität zu formen. Ich habe dies selbst erlebt. In einer Zeit, in der ich nicht wirklich viel von mir hielt, gab mir Gott den Namen „Josua". Er erklärte mir, dass ich jemand sei, der eine Generation in das verheißene Land führe, jemand, der Nationen verändere. Ich konnte kaum glauben, was ich da hörte. Trotzdem bewahrte ich diesen Schatz in meinem Herzen. Ich informierte mich über die Person Josua, zog Parallelen zu meinem Leben und identifizierte mich mit ihm.

Was danach in meinem Herzen entstand, ist ein gesundes Selbstbild von mir, das immer mehr mit der Perspektive Gottes übereinstimmt. Ich merke, dass ich mehr Lebensfreude und Lebenskraft entwickle, je mehr ich mit Gottes Gedanken übereinstimme. Dies führt dazu, dass ich mehr und mehr umsetze, wofür er mich geschaffen hat. Es ist eine riesige Aufwärtsspirale, die kaum gebremst werden kann. Es kann aber auch geschehen, dass diese Spirale nach unten dreht, wenn wir Lügen über uns glauben. Deshalb ist es wichtig, immer wieder auszusprechen, was Gott über uns denkt und was er von uns und zu uns sagt.

Ich habe mir wichtige Bibelverse, Aussagen und prophetische Worte notiert, sodass ich sie immer wieder nachlesen kann! Das hilft mir, richtig über mich zu denken und die Wahrheit über mich auszusprechen!

Wer bin ich?

Gott hat dich zu einem bestimmten Zweck geschaffen. Du bist nicht nur ein Geschöpf im Ebenbild Gottes, du bist auch ein Traum Gottes, der auf dieser Erde Realität wurde. Bereits bevor du auf der Welt warst, warst du ein Traum in Gottes Herzen. Gott hat sich selbst ein Geschenk gemacht mit dir!

In Epheser 2,10 schreibt Paulus, dass wir Gottes Werk sind. Das Wort „Werk" heißt auf Griechisch „poiema". Wenn du Englisch sprichst, kennst du das Wort „poem" (das bedeutet Gedicht). Man kann dieses Wort also an dieser Stelle auch mit „Gedicht" übersetzen. So bekommt die Aussage eine noch viel tiefsinnigere Bedeutung: **Wir sind das Beste, was Gott zu bieten hat, ein Gedicht für die Zeit, in der wir leben. In uns hat er sein Herz zum Ausdruck gebracht.** Wir sind das Ergebnis der Kreativität Gottes. Wir sind ein Kunstwerk, das besser nicht sein könnte! Bevor er dich auf diese Erde setzte, hat er dich wunderbar komponiert – bis ins feinste Detail. Vor deiner Geburt verging kein Tag, ohne dass Gott sich darauf freute, dich auf der Erde leben zu lassen.

Gott liebt dich so sehr, dass er eher selber stirbt, als die Ewigkeit ohne dich zu verbringen! *„Denn Gott hat der Welt seine Liebe dadurch gezeigt, dass er seinen einzigen Sohn für sie hergab, damit jeder, der an ihn glaubt, das ewige Leben hat und nicht verloren geht"* (Johannes 3,16 NGÜ).

Gott hat keinen Preis gescheut, um dich zurückzugewinnen. Er hat alles für dich gegeben, weil er dich nie als Sünder sah, sondern immer als Kind, das er zurückhaben will! Ich würde niemals für einen Haufen Müll eine Unsumme bezahlen. Schon gar nicht meinen eigenen Sohn opfern. Ich bezahle immer so viel, wie mir etwas wert ist. Du musst Gott viel Wert sein, denn er hat viel für dich bezahlt – seinen Sohn Jesus! Du bist nicht irgendein Zufall oder ein Missgeschick. Du bist geplant für den Ort und die Zeit, in der du dich jetzt befindest. Wenn Gott an dich denkt, jubelt er und kann sich vor Freude kaum halten. *„Der Herr, dein starker Gott, der Retter, ist bei dir. Begeistert freut er sich an dir. Vor Liebe ist er sprachlos ergriffen und jauchzt doch mit lauten Jubelrufen über dich"* (Zefanja 3,17 NLB).

Unsere Sicht

Warum denken wir nicht auch so von uns? Warum können wir uns nicht selbst sehen, wie Gott es tut? Zweifellos sind dabei mehrere Faktoren entscheidend. Einer davon ist unsere Kultur. Wir halten es für ehrenhaft, uns selber gering zu schätzen, nur damit wir uns bestimmt nicht als zu gut erachten und eingebildet erscheinen. In Gottes Augen ist dieses Verhalten gleich schlimm, wie wenn wir uns wirklich zu gut einschätzen – beides ist Stolz.

Wenn wir nicht die Gedanken Gottes über uns denken, strafen wir uns selbst. Denn aus unseren Gedanken entstehen Gedankenmuster. Diese Gedankenmuster entscheiden, wie wir unser Leben gestalten. Nur wenn wir siegreiche Gedankenmuster entwickeln, werden wir auch ein siegreiches Leben führen. Jesus wusste ganz klar, wer er war: der Sohn Gottes und der König der Juden (und natürlich noch mehr). Dieses Wissen über seine Identität befähigte ihn, so zu leben, wie er es eben tat.

Nun kommt es aber noch besser: Wir sollen uns nicht nur unserer Identität bewusst sein, wir sollen auch unsere Schwächen in Stärken umwandeln. Dies können wir tun, indem wir das Gegenteil der aktuellen Situation aussprechen

In Joel 4,10 steht geschrieben: *„Der Schwache soll sagen: Ich bin stark."* Gott hat kein Problem damit, wenn du über dir aussprichst, was du noch nicht siehst. Er fordert das sogar von dir. Diese Spannung auszuhalten und auszusprechen, was du anstrebst, aber noch nicht siehst, ist äußerst gesund und lässt dich wachsen. Sprich Dinge über dir aus, die du dir wünschst, dass sie werden. Sachen, die Gott über dich sagt oder dir verheißen hat, die du jetzt noch nicht siehst. Du wirst sehen, dass du dich in diese Richtung entwickelst und dein Leben immer mehr mit diesen Wahrheiten übereinstimmt – in deinem Denken und in deinem Handeln.

Dies sind Schlüssel, die mir in meinem Leben enorm weitergeholfen haben. Es ist wichtig zu wissen, dass Satan daran interessiert ist, uns auszureden, wer wir wirklich sind. Er weiß, dass wir, wenn er dies schafft, völlig kraftlos sind. Er ist neidisch auf uns, weil wir „gratis" das haben, wofür er schon immer gearbeitet hat – gleich zu sein wie Gott (gleich zu sein wie Gott bedeutet nicht, dass wir Gott sind! Vergleiche 1. Mose 1,27). Wenn du jedoch weißt, was er vorhat, kannst du seine Pläne durchkreuzen und bewusst die Gedanken Gottes über dir denken!

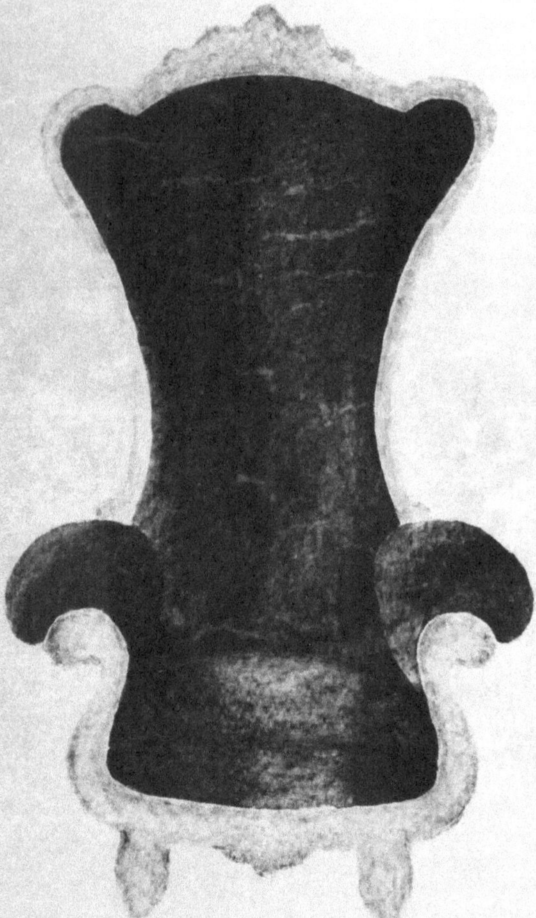

Kapitel 6

Mein Vater

Vaterlose Generation

In der heutigen Zeit ist ein unbändiges Bedürfnis vorhanden nach einem gesunden Vaterbild. Rund die Hälfte aller Ehen in der Schweiz zerbrechen.[1] Dies hinterlässt in den Herzen der Kinder tiefe Spuren.

Ich hatte das Privileg, in einer gesunden Familie groß zu werden, und bin meinen Eltern dafür sehr dankbar. Dennoch durfte ich erfahren, dass mein himmlischer Vater noch viel besser ist als mein leiblicher. Je weniger wir durch unseren leiblichen Vater über unseren himmlischen Vater lernen, desto mehr benötigen wir die Offenbarung des Heiligen Geistes. Er muss uns helfen, ein vielleicht durch eine Scheidung verursachtes negatives Vaterbild, das wir auf den himmlischen Vater übertragen, als Lüge zu enttarnen und durch die Wahrheit zu ersetzen.

Gott ist unser *guter* Vater. Wir müssen verstehen, wie wichtig wir ihm sind. Wir sind sein Ein und Alles. Er behütet uns wie seinen Augapfel (vgl. Psalm 17,8). Ihm ist wichtig, was uns wichtig ist.

Ein Bibelvers, der mich immer wieder an die unendliche Güte unseres himmlischen Vaters erinnert, steht in Psalm 20,5: *„Er gebe dir, was du von Herzen wünschst, was du dir vorgenommen hast, lasse er gelingen!"* (HFA).

---

[1] Bundesamt für Statistik Schweiz: www.bfs.admin.ch

Seitdem ich in diesem Bewusstsein lebe, dass Gott gut zu mir ist, hat sich mein Leben drastisch verändert. Ich bin überzeugt, dass ich nicht um seine Aufmerksamkeit kämpfen muss, denn er interessiert sich bereits für mich und meine Herzenswünsche. Ich muss ihn nicht anflehen, dass er ein Wunder tun soll, denn er will eins tun! Er **kann** nicht nur eingreifen, er **will** eingreifen – zu meinen Gunsten.

Paulus fordert uns auf, aus der Offenbarung, dass wir geliebte Kinder sind, so zu leben, wie es der himmlische Vater tut: *„So folgt nun Gottes Beispiel als die geliebten Kinder“* (Epheser 5,1).

Ich kann aber erst Gottes Beispiel folgen, wenn ich weiß, dass ich ein bedingungslos angenommenes und geliebtes Kind bin.

Ihn als Vater sehen

Unser Vater ist nicht nur mächtig und heilig; er ist vor allem unser *Vater*. Oft fehlt uns die Offenbarung dieser Wahrheit. Wir sehen Gott als König, als Herrscher, als allmächtigen Schöpfer und vergessen dabei ganz, dass er unser *Vater* ist. Dabei hat Jesus in seiner Zeit auf der Erde ganz klar davon gesprochen, dass er gekommen ist, um den *Vater* zu offenbaren (vgl. Johannes 14,12). Als er uns beten lehrt, lehrt er uns zum *Vater* zu beten (vgl. Matthäus 6,9).

Bei deinem Chef, von dem du weißt, dass er mächtig ist und sehr viel Einfluss hat, wirst du gewiss nicht in eine laufende Besprechung hineinplatzen. Du wirst dich auch nicht aus seinem Kühlschrank bedienen, als ob dir alles darin gehört. Du wirst ihm nie deine ganz persönlichen Träume mitteilen und erwarten, dass er dir gibt, was du zu deren Verwirklichung benötigst. Wenn du nun aber erkennst, dass Gott nicht nur dein Chef mit Macht und Einfluss ist, sondern auch dein *Vater*, ändert sich alles. Du wirst keine Hemmungen haben, in sein Büro zu platzen. Du wirst von seinem

Vorrat nehmen, als ob er deiner ist. Du verhältst dich ganz anders. In Lukas 15,31 predigt Jesus: „Alles, was dem Vater gehört, gehört auch dir." Er ist dein *Vater*, verhalte dich dementsprechend ...

Um unserer Berufung als Kinder Gottes gerecht zu werden, müssen wir verstehen, dass Gott an erster Stelle unser Vater ist. Ansonsten trauen wir uns nicht, uns das zu nehmen, was wir benötigen, um unsere Mission erfolgreich zu erfüllen. **Er hat deine Berufung als dein Vater geplant; also erfülle sie als sein Sohn oder seine Tochter ...**

Das Wunder von Bern

Der Film „Das Wunder von Bern" handelt von einem fußballbegeisterten Jungen. Wir lernen einen Vater kennen, der zu Beginn streng und distanziert ist. Er schlägt seinen Sohn, als dieser in die Kirche geht, um für seine Fußballmannschaft zu beten. Er hat keine wirkliche Beziehung zu seinem Sohn und auch kein Verständnis für dessen Wünsche. Ähnlich verhält es sich mit Religion. Sie basiert nicht auf einer Beziehung zwischen Gott und Mensch und bleibt daher distanziert. Aus religiöser Sicht interessiert sich Gott der Vater nicht für seine Kinder und deren Wünsche.

Im Laufe des Films verändert sich der Vater jedoch. Er weckt seinen Sohn nachts auf und fährt mit ihm zum Endspiel der Fußball-WM nach Bern. Der Vater hat begonnen, sich für die Wünsche und Träume seines Sohnes zu interessieren. Genau so soll ein Sohn seinen Vater wahrnehmen – als liebenden und an seinen Träumen und Wünschen interessierten Vater.

Einem Vater sind die Wünsche seines Sohnes wichtig, und er gibt alles dafür, sie ihm zu erfüllen. „Was ihr mich bitten werdet in meinem Namen, das will ich tun" (Johannes 14,14 LUT).

Wir können Gott ohne Furcht und Angst um alles bitten, denn wir sind seine Söhne und Töchter: *„Denn der Geist, den ihr empfangen habt, macht euch nicht zu Sklaven, sodass ihr von neuem in Angst* *und Furcht leben müsstet; er hat euch zu Söhnen und Töchtern gemacht, und durch ihn rufen wir, wenn wir beten: ‚Abba, Vater!'"* (Römer 8,15 NGÜ).

Nur mit dieser Sicht und diesem erneuerten Denken können wir erfüllen, wofür wir erschaffen wurden!

In Markus 10 lesen wir von einem Mann, der zu Jesus kommt. Es ist offensichtlich, was sich der Blinde von Jesus erhofft. Dennoch fragt Jesus ihn: „Was willst du von mir?" Anders ausgedrückt: „Was wünschst du dir von mir?" Höchstwahrscheinlich sind alle Zuschauer verwundert über die Frage von Jesus. Auch der Blinde ist etwas verblüfft – typisch Jesus! Was dieser blinde Mann braucht, ist doch klar. Er möchte wieder sehen können. Jesus will ihm aber nicht geben, was er braucht. Er will dem Mann geben, was dieser sich wünscht!

In Matthäus 6,33 sagt Jesus, dass er uns alles geben wird, was wir *brauchen*. Das aber ist erst der Anfang. Unser Vater möchte uns nicht nur geben, was wir *brauchen*; er möchte uns darüber hinaus auch schenken, was wir uns *wünschen* (vgl. Psalm 20,5). **Unser Vater liebt es, unsere Herzenswünsche zu erfüllen.** Dabei müssen nicht einmal all unsere Wünsche einem tieferen Zweck dienen. Gott erfüllt unsere Wünsche, weil er es liebt, uns eine Freude zu machen, und er will uns damit eine tiefe Offenbarung darüber geben, wie gut er ist. Nicht so sehr, weil wir es materiell nötig haben!

Immer wenn dein Vater dir einen Herzenswunsch erfüllt, offenbart er dir dadurch seine Güte und Liebe ganz persönlich.

Lieblingssohn

Wenn ich behaupte, ich sei Gottes Lieblingssohn, mag dich das schockieren. Trotzdem ist es wahr.

Wenn 100 Filme in deinem Regal stehen und ich dich frage, welcher dein Lieblingsfilm ist, wirst du dich wahrscheinlich nicht für *einen* entscheiden können. Du wirst mir rund fünf heraussuchen, die du alle liebst. Bei Gott verhält es sich noch viel extremer. Er hat nicht nur fünf Lieblingsfilme – er hat *nur* Lieblingsfilme. Alle seine Söhne und Töchter sind Gottes Lieblingskinder – also sind du und ich je eines davon.

Wenn wir mit diesem Bewusstsein durchs Leben gehen, sieht alles auf einmal ganz anders aus. Probleme und Schwierigkeiten werden zu Gelegenheiten Gottes – denn wir haben einen anderen Fokus. Statt auf die Probleme zu sehen, sind wir uns bewusst, dass Gott für uns immer eine Lösung oder einen Ausweg hat, auch wenn wir das nicht immer gleich zu Beginn sehen – wir sind schließlich seine Lieblingskinder!

Traum Gottes

In Epheser 1,4-5 schreibt Paulus Folgendes: *„Denn in ihm [Jesus] hat er uns erwählt, ehe der Welt Grund gelegt war, dass wir heilig und untadelig vor ihm sein sollten; in seiner Liebe hat er uns dazu vorherbestimmt, seine Kinder zu sein durch Jesus Christus nach dem Wohlgefallen seines Willens"* (LUT).

Für mich ist das eine der stärksten Aussagen der ganzen Bibel! **Gott hat von mir geträumt, bevor die Welt entstanden ist! Bevor ich existierte, war ich ein Traum im Herzen Gottes.**

Ich bin überzeugt, dass Gott es kaum erwarten konnte, bis ich zur Welt kam (ich hatte zehn Tage Verspätung). Er hat mich erwählt, sein Sohn zu sein, noch bevor er die Welt erschaffen hat. Danach musste er eine „halbe Ewigkeit" warten, bis sich sein Traum durch meine Geburt auf dieser Welt manifestierte.

Zudem hat er mich dazu bestimmt, heilig und gerecht zu sein. Er hatte Wohlgefallen daran, also unaussprechliche Freude, dass ich sein Kind werden würde! Und all dies überlegte er sich, noch bevor ich entstand! Wie könnte er mir jetzt, da ich auf der Welt bin, nicht seine ganze Aufmerksamkeit und Liebe zuwenden? Wo er sich doch so sehr auf mich gefreut hat und so lange auf mich gewartet hat!

Ich bin überzeugt: Gott hat sich richtig viel überlegt, als er dich und mich geschaffen hat. Er hat von uns geträumt. Er hat sich seine „Traummenschen" vorgestellt. Und was dabei herauskam, sind du und ich! Nachdem er sein Meisterwerk erschaffen hatte, konnte Gott es kaum erwarten, seinen Traum auf der Erde Realität werden zu lassen.

In meiner Zeit als Konstrukteur „erschuf" ich Stanzwerkzeuge. Ich habe mein Bestes gegeben, mir für ein Werkzeug alle möglichen Varianten zu überlegen. Schließlich wählte ich die aus meiner Sicht beste. Sobald ich meine Pläne jeweils fertiggestellt hatte, wurden sie der Werkstatt übergeben, und ich konnte es dann kaum erwarten, das fertige Produkt in Händen zu halten. Ich habe nie etwas kreiert, mit dem ich nur halb zufrieden war. Und wenn das Produkt endlich fertiggestellt war, sah es sogar immer noch besser aus, als ich es mir gedacht hatte. Voller Stolz betrachtete ich es und freute mich über das Neuentstandene.

So ähnlich mag es Gott ergangen sein. Seine Pläne waren faszinierend – er konnte es kaum erwarten, bis du Wirklichkeit wurdest. Als du dann endlich auf die Welt kamst, warst du aber noch einzigartiger, als er es sich vorgestellt hatte! Er ist unglaublich stolz auf dich. Du bist das Beste, was sich Gott vorstellen und erschaffen konnte!

Hast du dir schon einmal selbst einen Herzenswunsch erfüllt? Zum Beispiel dir selbst ein Geschenk gemacht zum Geburtstag? Das Schöne daran ist, dass du dir genau das kaufen kannst, was du dir wirklich wünschst. Genau das hat Gott auch gemacht. Er hat sich selbst ein Geschenk gemacht, das haargenau seinen Wünschen und Träumen entsprach … das Geschenk, das er sich selbst gemacht hat, bist du!

Stell dir vor: In der einen Hand hält Gott das Universum, und mit der anderen hält er dich. Das steht schon in den Psalmen:

> *In seiner Hand liegen die Tiefen der Erde und die Gipfel der hohen Berge* (Psalm 95,4 HFA).
>
> *Von allen Seiten umgibst du mich und hältst deine Hand über mir* (Psalm 139,5 LUT).

Gott liebt es, uns nahe zu sein und Spaß mit uns zu haben. Er liebt es, mit uns zu kuscheln und unsere Herzenswünsche zu erfüllen – nicht so sehr, weil wir es materiell brauchen, sondern weil wir vor allem immer wieder eine tiefe Offenbarung seiner Güte und Liebe benötigen. **Unser Vater ist viel besser, als wir es uns vorstellen können, und liebt uns viel mehr, als wir je verstehen werden.**

> *Ja, ich bete darum, dass ihr seine Liebe versteht, die doch weit über alles Verstehen hinausreicht, und dass ihr auf diese Weise mehr und mehr mit der ganzen Fülle des Lebens erfüllt werdet, das bei Gott zu finden ist* (Epheser 3,19 NGÜ).

Wenn dich also jemand, der selber so wunderbar und genial ist, so tief liebt und dich, im Wissen über dein tiefstes Sein, so annimmt, wie du bist, musst du wirklich jemand ganz Besonderes sein.

Kapitel 7

Ein Held sein

Wer möchte nicht gerne ein Held sein?

Was einen Helden ausmacht, ist seine Bereitschaft, Risiken einzugehen. Wie können wir uns verändern lassen, sodass wir wie Helden leben können?

Ich bin überzeugt, dass die Fähigkeit, wie ein Held zu leben, aus der Erkenntnis kommt, dass Gott, unser Vater, gut zu uns ist. Denn nur durch seine Güte werden wir befähigt, anders zu denken. Paulus fasst das mit den folgenden Worten zusammen: „Weißt du nicht, dass dich Gottes Güte zur Buße [anders Denken] leitet?" (Römer 2,4 LUT).

Das griechische Wort für Buße ist „metanoia": „meta" = „um" oder „anders" und „noein" = „denken". Buße zu tun bedeutet also nichts anderes, als sein Denken zu ändern bzw. zu erneuern. Und genau dieses erneuerte Denken benötigen wir. Denn ein Held geht Risiken ein, *weil er anders denkt*! Wenn wir anders denken als bisher, sehen wir die ganze Welt aus einer neuen Perspektive und werden dadurch befähigt, auch anders zu leben. Die Güte Gottes verändert unser Denken, damit wir als Held leben können.

> *Da berührte er ihre Augen und sprach: Euch geschehe nach eurem Glauben!* (Matthäus 9,29 LUT).

Wenn wir unser Leben im Vertrauen auf einen guten Vater bestreiten, werden wir viel mutiger, so zu leben, wie wir berufen sind. Jesus trug uns auf, die ganze Welt einzunehmen, die Kranken gesund zu machen, Tote aufzuerwecken und vieles mehr (vgl. Matthäus 10,8)! Wir sollen also mutig sein, gemäß dieser Berufung zu leben.

Wir können diesen Auftrag nicht wahrnehmen, wenn wir nicht davon überzeugt sind, dass wir unserem Vater wichtig sind und er an uns glaubt! Wenn wir verstehen, wer wir sind und wer unser Vater ist, werden wir zu mutigen Helden in Gottes Armee!

Wenn wir verstehen, wie wichtig wir dem Vater sind und wie einzigartig wir sind, befähigt uns dies dazu, mutig zu leben wie ein Held – in diesem Glauben auch Risiken einzugehen. Sicherlich gibt es Personen, die von Natur aus eher Risiken eingehen als andere. Wenn wir jedoch die Gewissheit haben, dass alles, was uns wichtig ist, auch Gott wichtig ist, haben wir alle das Potenzial zum Helden. Denn wenn er *für* uns ist, wer kann *gegen* uns sein?!

Wir sind Gottes Söhne und Töchter; er kümmert sich um unsere Anliegen und Sorgen – ob groß oder klein! Was uns wichtig ist, ist auch dem Vater wichtig! Denn: *„Was ihr mich bitten werdet in meinem Namen, das will ich tun"* (Johannes 14,14 LUT) oder: *„Überlasst all eure Sorgen Gott, denn er sorgt sich um alles, was euch betrifft!"* (1. Petrus 5,7 NLB).

Seitdem ich mir sicher bin, dass mein Vater mich nie im Stich lassen wird, gehe ich gerne Risiken ein. Manchmal einfach nur, um zu sehen, was er sich diesmal einfallen lässt, um mich zu versorgen. Bis jetzt war er immer rechtzeitig zur Stelle, um mir zu helfen. Nicht *einmal* hat er mich im Stich gelassen!

David

Als David seinen Entschluss fasste und in diesem scheinbar ungleichen Kampf gegen den Riesen Goliath antrat, tat er dies nicht unvorbereitet: Während er als Hirte die Schafe seines Vaters hütete, kämpfte er gegen Löwen und Bären. Sein himmlischer Vater stand ihm immer bei, wenn er ein Risiko einging und sich dem

Kampf stellte. In 1. Samuel 17,37 können wir nachlesen, wie David den Kampf gegen Goliath sah: „Der Herr, der mich aus den Klauen des Löwen und des Bären gerettet hat, wird mich auch vor diesem Philister retten!" (NLB).

Er wusste also, wie gut und treu sein Vater war. Während Goliath die Israeliten beschimpfte, wusste David bereits aus Erfahrung, dass sein Gott ihm helfen würde. Dies befähigte ihn dazu, mutig einen Schritt nach vorne zu tun und sich in den Kampf zu begeben. Dies konnte er nur, weil sein Fokus nicht auf der offensichtlichen Tatsache lag, dass dieser Riese stärker war als alle Israeliten. David nahm die Welt bereits durch ein erneuertes Denken wahr, während alle anderen durch den Blick auf das scheinbar so Offensichtliche richtiggehend gelähmt waren. Aus der Erkenntnis der Güte Gottes wurde David befähigt, zu leben wie ein Held. Aus der Erkenntnis der Güte Gottes wurde eine ganze Nation gerettet und befreit. Dies gilt heute auch für dich: Lass dir von Gott aufzeigen, welch ein guter Vater er ist und wie gerne er dir hilft. Dadurch wird es dir möglich, das Leben eines Helden zu führen, was dich wiederum befähigen wird, im Bedarfsfall eine ganze Nation zu erretten.

Risiken eingehen

Letzten Sommer wurde ich in eine Schule eingeladen, um vom Christentum zu erzählen. Meine Aufgabe bestand darin, den Teenagern zu bezeugen, wie ich als gläubiger Christ lebe, wie mein Glaube mein Leben veränderte und wie ich Gott erlebe. Nach dieser Schulstunde, in der ich erzählte und meine Zeugnisse mitteilte, tauschte ich mich noch aus mit dem Lehrer, der auch Christ ist. Ich fragte ihn, ob es für ihn in Ordnung sei, wenn ich das eben Erzählte auch gleich bei den Teenies praktisch anwenden würde. Er stimmte zu, und ich begann über dem Leben der Teenager zu prophezeien. Alle waren sichtlich berührt. Bei manchen hatte ich

Worte der Erkenntnis betreffend Krankheiten und Schmerzen. Dabei wurden mindestens zwei Personen augenblicklich geheilt.

Bei diesem Schulbesuch, aber auch sonst, wenn ich Worte der Erkenntnis teile, gehe ich Risiken ein. Doch jedes Mal erlebe ich, dass Gott zu mir steht und Leute heilt. Vielleicht trifft nicht jedes Wort ganz exakt zu, aber jedes Mal gibt es Volltreffer und Heilungen! Ein anderes Mal gab ich ein Wort der Erkenntnis für eine Frau weiter. Ich sah sie als Kind auf dem Bauernhof spielen und wie sie sich dabei eine Kopfverletzung zuzog. Es war tatsächlich eine Frau im Raum, die genau das erlebt hatte. Als anschließend für sie gebetet wurde, erfüllte die Kraft des Heiligen Geistes die Frau und sie konnte ihn sehr intensiv erleben (ob sie geheilt wurde, ist mir leider nicht bekannt). Das Wort der Erkenntnis war detailliert, und somit erforderte es von mir Mut, ein gewisses Risiko einzugehen. Aber es hatte sich gelohnt!

Ein anderes Mal zeigte mir Gott in einem Bild die Brust einer Frau. Ich war unsicher, was dies bedeutete, und ehrlich gesagt war es mir auch etwas peinlich, dieses Bild weiterzugeben. Ich tat es aber trotzdem. Nachdem ich das Risiko eingegangen war, kam eine Frau auf mich zu und sagte: „Ich bin so froh, dass du das mit der Brust gesagt hast. Ich warte schon lange auf so ein Wort der Erkenntnis, da ich mich nicht traute, jemanden wegen des Knotens in der Brust um Gebet zu bitten."

Auch betete ich schon oft für Leute, die unterschiedlich lange Beine hatten. Jedes Mal war es – und ist es heute noch – ein Risiko. Ein Risiko, das einzugehen sich immer gelohnt hat. Denn bis auf einmal – und davon lasse ich mir meine Sicherheit nicht rauben – heilte Gott immer, sodass die Menschen den Raum auf gleich langen Beinen verlassen konnten.

All dies konnte ich tun, weil ich wusste, dass Gott mich nicht im Stich lassen würde, wenn ich von seinem Königreich erzählte und mich ganz praktisch danach ausstreckte. Ich bin mir sicher, er ist ein guter Vater, der immer für mich da ist und mich unterstützt.

Dieses Bewusstsein seiner Güte hat mich veranlasst, anders zu denken (Römer 2,4) – deshalb kann und will ich Risiken eingehen!

Wir alle müssen diese Risiken eingehen, um verlorene Menschen wieder zurück in das Königreich zu führen. Sie sollen sehen, wie Gott wirklich ist. Den Worten alleine glauben sie nicht – sie wollen Taten und Beweise. Damit sie die sehen können, müssen wir sie ihnen zeigen. Und um ihnen diese Beweise zu liefern, müssen wir Risiken eingehen. Dies können wir tun, weil wir anders denken.

Kapitel 8

Aus der Ruhe leben

Je mehr ich über Gnade, meine Identität und das Wesen meines Vaters erfahre, desto mehr kann ich aus einer inneren Ruhe heraus leben und ihm vertrauen. Weil ich weiß, wie gut mein Vater ist, fühle ich mich sicher und geliebt – ungeachtet der Umstände in meinem Leben. Genau diese Ruhe macht uns stark!

> *Wenn ihr gelassen abwartet und mir vertraut, dann seid ihr stark* (Jesaja 30,15 NLB).

Marta und Maria

Auf einer seiner unzähligen Reisen fand Jesus Aufnahme im Haus von Marta. Jesus lehrte die Menschen in ihrem Wohnzimmer. Doch Marta war nirgends zu sehen. Sie stand in der Küche und arbeitete. Sie wollte Jesus und ihren Gästen dienen und gab sich dabei große Mühe. Ihre Schwester Maria verhielt sich ganz anders: Sie saß zu Füßen Jesu und hörte ihm zu. Nach einer Weile wurde es Marta zu viel und sie beklagte sich bei Jesus darüber, dass Maria ihr nicht unter die Arme griff. Marta forderte Jesus auf, Maria zurechtzuweisen und sie zu ihr in die Küche zu schicken. Jesus sah dies jedoch ganz anders. Er meinte, dass Marta sich zwar *viel Sorge und Mühe bereitete,* sich aber vielmehr ein Vorbild an Maria nehmen sollte, denn die hatte die bessere Wahl getroffen (vgl. Lukas 10).

Offensichtlich gibt es Situationen im Leben, in denen wir besser unsere Arbeit niederlegen und uns zu Jesus gesellen. **Jesus ist nicht beeindruckt von unseren Taten; er ist beeindruckt von**

unserem Herzen. Wenn unsere Herzenshaltung richtig ist, sind wir in der Lage, viel für ihn zu tun. Wenn unser Herz aber nicht die richtige Haltung hat, ist alles, was wir tun, zu viel für uns.

Wir sind berufen zu arbeiten, wir sind geschaffen, um gute Werke zu tun (vgl. Epheser 2,10). Entscheidend ist jedoch unsere Haltung: Arbeiten wir für Liebe, oder arbeiten wir aus Liebe? Wir sollen aus Liebe und nicht für Liebe arbeiten. Es macht keinen Sinn, für Liebe zu arbeiten, weil wir schon unendlich stark geliebt werden. Wenn wir wie Marta für Liebe arbeiten und dann merken, dass Jesus auch Maria liebt, die nichts tut als zuzuhören, trifft uns das hart.

Arbeiten wir, um Ruhe zu haben, oder arbeiten wir aus der Ruhe, weil wir Ruhe in uns tragen? Wenn wir für Ruhe arbeiten, sind wir sehr schnell im Stress, da, sobald wir mit Arbeit konfrontiert werden, anscheinend keine Ruhe mehr vorhanden ist. Wir können jedoch aus der Ruhe arbeiten, wenn wir verstehen, dass Ruhe nicht die Abwesenheit von Arbeit ist, sondern die Anwesenheit von Frieden. Das Ziel ist also nicht, keine Arbeit zu tun, sondern in der Arbeit Frieden und Ruhe zu haben.

Lass dich nicht erdrücken

> *Wir wissen, dass wir Kinder Gottes sind und dass die Welt um uns herum vom* ***Bösen*** *beherrscht wird* (1. Johannes 5,19 NLB – Fettdruck durch den Autor).

Im Urtext stammt die Bezeichnung „Böses“ vom griechischen „poneros“ und bedeutet: voller Arbeit, Ärger, von Nöten erdrückt und durch Arbeit belästigt, Mühe bringend. Wenn also die Welt von Anstrengung und Mühen erdrückt wird, sollen gerade wir nicht darunter leiden. Denn wir sind Söhne und Töchter des allmächtigen Gottes.

Solange du von Mühe erdrückt und von Arbeit belastet wirst, lebst du nicht aus der Ruhe Gottes. Nur wenn wir aus der Ruhe Gottes handeln, können wir das Königreich Gottes in der Fülle erfahren. Wir sind nicht dazu berufen, von Arbeit erdrückt zu werden! Wir sind dazu bestimmt, mit Gott zusammenzuarbeiten. Wenn wir mit ihm zusammenarbeiten, werden wir von der Arbeit nicht erdrückt, denn er überfordert uns nicht!

In Psalm 46,11 steht geschrieben: *„Seid stille und erkennet, dass ich Gott bin! Ich will der Höchste sein unter den Heiden, der Höchste auf Erden"* (LUT).

Im Königreich des Vaters geschieht alles Kraftvolle aus der Ruhe heraus.

Einmal hatte ich eine Vision, in der mich Gott mit Ruhe und Frieden „marinierte". Ich fühlte, wie Kraft durch mich hindurch und von mir weiterfloss. Auch nach dieser Vision ist es für mich immer noch eine Entscheidung, in dieser Ruhe zu bleiben. Doch solange ich in der Ruhe und im Frieden bleibe, fließt Kraft von Gott durch mich, und ich merke, wie alles, was ich tue, gesalbt ist. Wenn ich aber diesen Ort der Ruhe verlasse und beginne aus eigener Kraft hart zu arbeiten und von Mühe erdrückt zu werden, schwindet auch die Kraft Gottes in mir. Ich erkannte, dass Gott die Zusammenarbeit mit ihm segnet. Etwas mit Mühe selbst zu erarbeiten, ist keine Zusammenarbeit mit ihm. Ich bemerkte anfangs immer wieder, wie geradezu ein schlechtes Gewissen aufkam, wenn ich aus dieser Ruhe heraus handelte, da ich von Natur aus ein sehr geschäftiger Mensch bin und vieles auf die Beine oder auf den Kopf stellen möchte. Mich plagte dann das Gefühl, dass ich scheinbar nicht 100 Prozent meiner Energie in die Arbeit steckte. Im Laufe der Zeit stellte ich aber fest, dass dem gar nicht so ist. Ich bin viel produktiver, wenn ich aus seiner Ruhe heraus handle, seine Gegenwart aufsauge und immer wieder innehalte und die Hauptsache – Gottes Gegenwart – auch die *Hauptsache* bleiben lasse.

Wir sollten frei sein und nur mit unserem Vater zusammenarbeiten und aus der Ruhe tun, was wir ihn tun sehen (vgl. Johannes 5,19). Natürlich gibt es manchmal auch schwierige Zeiten. Doch gerade in diesen schwierigen Lebensabschnitten können wir uns vom Frieden Gottes leiten lassen. Dies geschieht, wenn wir immer wieder innehalten und unser Herz auf ihn und seine Gegenwart ausrichten, seine Liebe aufsaugen und seine Ruhe uns durchströmen lassen. Ich glaube sogar, dass wir uns in solchen Zeiten am meisten entfalten. Denn Jesus verglich die Menschen im Matthäus-Evangelium mit Sauerteig. Und Sauerteig durchsäuert den anderen Teig unter Druck am effektivsten! (vgl. Matthäus 13,33).

Speerwerfen

Im Sportunterricht in der Schule kam es ab und zu vor, dass wir Speerwerfen trainierten. Die weitesten Würfe gelangen mir immer dann, wenn ich aus einer gewissen Lockerheit oder aus Spielerei warf. Wenn ich dann mit Ehrgeiz diese weiten Würfe toppen wollte, indem ich noch mehr Kraft und Konzentration in den Wurf steckte, klappte das nie. Gut war ich nur, wenn ich aus einer entspannten Haltung werfen konnte und nie aus einer Verkrampfung heraus.

Genau das gleiche Phänomen entdecke ich auch in anderen Bereichen meines Lebens. Wann immer ich mich verkrampfe und unter Anstrengung ein besseres Resultat erzielen will, funktioniert es nicht. Meine besten Erfahrungen und schönsten Erlebnisse entstehen immer aus Lockerheit heraus – manchmal sogar im Scherz oder Spaß, nie aber aus einer Verkrampfung.

Frieden

Ich stelle fest, dass, wann immer ich aus dem Frieden Gottes lebe, mir der Heilige Geist sogenannte Blitzgedanken gibt, die mich befähigen, Aufgaben produktiver zu erledigen. Manchmal erinnert der Heilige Geist mich auch an Dinge, die ich noch erledigen muss. Das geschieht fast ausschließlich, wenn ich aus dem Frieden des Vaters lebe. Warum? Ich bin überzeugt, dass der Heilige Geist auch in allen anderen Situationen zu mir spricht. Ich kann ihn dann aber nicht gut hören, da ich mich verkrampft auf etwas konzentriere und nicht entspannt und offen bin für sein Reden.

Die Welt braucht einen Gegenpol zum herrschenden Druck – einen Friedenspol. Stress ist überall und kaum noch wegzudenken. Wenn sogar wir als Kinder Gottes ständig gestresst wirken, ist unser Lebensstil für die Welt um uns herum nicht attraktiv. Vertrauen wir aber dem Vater, dass er uns hilft, und arbeiten wir mit ihm zusammen, gibt es keinen Grund, gestresst zu sein. Wenn wir ihm vertrauen, dass er uns mit spontanen Gedanken weiterhilft und uns produktiver sein lässt, brauchen wir nicht mehr unter dem Joch des Stresses zu laufen. Es ist eine Entscheidung, dem Vater zu vertrauen. Um dazu fähig zu sein, brauchen wir eine tiefere Offenbarung darüber, wie gütig er ist. Gott sehnt sich danach, sie dir zu schenken!

Als Jesus mit seinen Jüngern einen See überquerte, schlief er auf dem Boot ein. Seine Jünger waren sehr verängstigt, als ein schlimmer Sturm aufzog und Jesus einfach weiterschlief. Sie rüttelten ihn wach, und Jesus setzte frei, was in ihm war – Frieden. Er gebot dem Sturm, still zu werden, und die Wogen glätteten sich auf der Stelle. Dieser Frieden befähigte ihn dazu, in einem lebensbedrohlichen Sturm zu schlafen, aber auch diesem zu befehlen sich zu legen.

Jesus gab nur das weiter, was er selber besaß. Genauso können auch wir nur weitergeben, was wir selber haben. Ist Stress in uns, geben wir den Menschen um uns herum auch Stress weiter. Ist Frieden in uns, geben wir diesen weiter. Also, lass dich immer neu und immer mehr von Gottes Frieden erfüllen. Lerne, deine Gedanken auf Jesus zu fokussieren. Dies befähigt dich, in seiner Ruhe und seinem Frieden zu bleiben.

Das hebräische Wort für Frieden ist „Schalom". Es bedeutet ursprünglich viel mehr als nur Frieden, wie wir ihn verstehen. Es bedeutet zusätzlich: Unversehrtheit, Heil. Es meint aber nicht nur eine Befreiung von jedem Unheil und Unglück, sondern auch Gesundheit und Wohlfahrt, Sicherheit und Ruhe.

Ich bin überzeugt, dass ganz viele Krankheiten aus dem Fehlen dieses Schalom-Friedens entstehen. Es ist also nicht nur angenehmer, sich nicht von der Arbeit erdrücken zu lassen, es ist auch gesünder! Aus dieser Haltung des Friedens fließt so viel Gutes: Gesundheit, Sicherheit, Ruhe und noch viel mehr. Genau das ist es auch, wonach die Welt sich sehnt: Gesundheit, Sicherheit, Ruhe – alles, was sich in Jesus finden lässt. Und da Jesus in dir wohnt, sollte es sich auch in dir finden lassen.

Das Königreich Gottes und seine ganzen, guten Auswirkungen liegen in der Ruhe (vgl. Jesaja 30,15). Diese Ruhe finden wir in seiner Gegenwart.

> *Wer im Schutz des Höchsten lebt, der findet Ruhe im Schatten des Allmächtigen* (Psalm 91,1 NLB).

KAPITEL 9

Die höhere Perspektive

Fakten versus Wahrheit

Unser Alltag bombardiert uns mit knallharten Fakten: Mängel, Krankheiten, Sünde und vieles mehr prasseln auf uns nieder. Oft stehen diese Fakten im krassen Widerspruch zur Wahrheit, die Jesus selbst ist (vgl. Johannes 14,6).

> *Da ihr nun also zusammen mit Christus auferweckt worden seid, sollt ihr euch ganz auf die himmlische Welt ausrichten, in der Christus auf dem Ehrenplatz an Gottes rechter Seite sitzt. Richtet eure Gedanken auf das, was im Himmel ist, nicht auf das, was zur irdischen Welt gehört. Denn ihr seid dieser Welt gegenüber gestorben, und euer neues Leben ist ein Leben mit Christus in der Gegenwart Gottes* (Kolosser 3,1-3a NGÜ).

Die höhere, göttliche Perspektive verleugnet Fakten nicht. Sie vertraut aber nicht den Fakten, sondern der Wahrheit – Jesus Christus. Ein Beispiel dazu: Wenn dir gekündigt wurde und du somit kein Einkommen mehr hast, ist das eine Tatsache. Dass Gott dein Versorger ist, ist jedoch die Wahrheit. Du kannst dich entscheiden, der Wahrheit mehr zu vertrauen als der Tatsache deiner Kündigung. Wenn du das tust, weißt du zwar noch nicht, wie dein Finanzproblem gelöst wird, aber du weißt, dass es gelöst wird.

Wenn Jesus im Zentrum unserer Gedanken steht, vertrauen wir ihm und seiner Wahrheit mehr als allen Fakten. Aus diesem Lebensstil entwickelt sich eine neue, höhere Perspektive! Diese Perspektive befähigt uns, in stürmischen Situationen ruhig zu bleiben und siegreich Einfluss zu nehmen auf die Welt um uns herum: Krebs, der geheilt wird und nicht mehr existiert, Mängel, die gedeckt werden. „Es wird auf Erden sein, wie es im Himmel ist!" (vgl. Matthäus 6,10).

Der Sieg von Jesus ist auch unser Sieg

Durch den Tod am Kreuz, den Jesus für uns auf sich nahm, zerstörte er den Einfluss der Sünde und des Bösen auf den Menschen. Er zerstörte alle Feinde der Menschheit. Sobald ich mich Jesus komplett hingebe und mich mit ihm „eins mache" oder übereinstimme, sterbe auch ich mit ihm am Kreuz und stoppe die Herrschaft der Sünde und des Bösen in meinem Leben. Das ist dein Sieg über die Sünde und das Böse. Durch diesen Sieg bekommst du echtes Leben:

> *Ja, die Sünde Adams brachte Verdammnis über alle Menschen, aber die Tat von Christus, sein erlösendes Handeln, macht alle Menschen in Gottes Augen gerecht und schenkt ihnen Leben* (Römer 5,18 NLB).

Durch dieses Wissen eröffnen sich unbegrenzte Möglichkeiten. Alles ist möglich, weil Jesus alles möglich gemacht hat, indem er die Herrschaft der Sünde zerstört hat! Wir sind keine Verlierer und Taugenichtse, die warten, bis wir in den Himmel kommen. Wir sind Sieger, die dazu berufen sind, den Himmel auf die Erde zu holen und größere Werke als Jesus zu tun (vgl. Johannes 14,12). Wir sind vollkommen würdig für ein Leben als Nachahmer Gottes (vgl. Epheser 5,1). Dies zu leugnen, wäre eine Beleidigung für Jesus, denn er hat uns dafür würdig gemacht. Jesus hat es für uns am Kreuz verdient und wir haben uns damit „eins gemacht"! Wir mussten es nicht selber tun. Es ist bereits vollbracht – du bist würdig gemacht worden, und er hat alles verdient für dich. Jesus starb, wie wir es eigentlich verdient hätten, damit wir bekommen können, was er wirklich verdient hat. Das ist Gnade!

Deine Ressourcen

Uns bewusst zu sein, was wir durch Jesus besitzen, ist die Voraussetzung, um zu erlangen, wofür wir geschaffen sind – das Unmögliche möglich zu machen!

Trotz eines überfüllten Bankkontos können wir verhungern, wenn wir kein Geld davon beziehen, um Essen zu kaufen. Wenn wir nicht verstehen, dass wir durch Jesus den ganzen himmlischen Segen empfangen haben, werden wir nie aus der höheren Perspektive leben und die Welt verändern. Sei dir also deines himmlischen Kontostandes bewusst, und bewege aus dieser Gnade das Unmögliche.

> *„Kind", sagte der Vater zu ihm, „du bist immer bei mir, und alles, was mir gehört, gehört auch dir"* (Lukas 15,31 NGÜ).

> *Gelobt sei Gott, der Vater unseres Herrn Jesus Christus, der uns gesegnet hat mit allem geistlichen Segen im Himmel durch Christus* (Epheser 1,3 LUT).

Verändert weiterdenken

Gott lädt uns ein, ihm zu begegnen und seine Möglichkeiten kennenzulernen, sodass wir von Herzen die Wahrheit **erkennen** und umarmen können, dass uns alles gegeben ist. „Erkennen bzw. Erkenntnis" im hebräischen Weltverständnis bedeutet eine Erfahrung mit allen fünf Sinnen. Es ist also eher ein Erleben als ein Verstehen.

Gott will dir zeigen, wie gut er ist. Er will dir zeigen, wie sehr er sich um dich sorgt und dich versorgt. Er verlangt nichts von dir, was du nicht auch tun kannst. Dabei hilft er dir und gibt dir einen Vorschuss, indem er dich seine Güte erfahren lässt. Diesen Vorschuss sollst du anschließend verwalten. Dein himmlischer Vater will dir zeigen, wie gut er ist, und wie willig er ist, dir zu helfen. Wenn du diese Wahrheit erlebst, ist es deine persönliche Entscheidung, jesuszentriert und somit auch wahrheitszentriert zu denken und weiterzuleben. Wenn du das tust, wirst du deinen Vorschuss vermehren, indem du aus der Offenbarung seiner Güte den Mut nimmst, risikoreich weiterzuleben. Du kannst das vergleichen mit der Geschichte von den Dienern, die Talente von ihrem Meister anvertraut bekamen (vgl. Matthäus 25,14-30). Diese Diener mussten ihren Vorschuss verwalten …

Wenn du zum ersten Mal das Wunder einer Heilung erlebst, ist es deine Verantwortung, aus dieser Erfahrung heraus zu denken. Wenn du zum ersten Mal himmlische Versorgung erlebst, ist es deine Verantwortung, aus dieser Wahrheit heraus weiterzudenken. Wie gehst du die nächste finanzielle Herausforderung an? Vertraust du der Tatsache, dass du wenig Geld hast, oder vertraust du der Wahrheit, dass dein Vater dich versorgen wird?

Wenn wir die richtigen Schlüsse aus unseren Erfahrungen ziehen, werden Unmöglichkeiten zu Möglichkeiten und Krisen zu Gelegenheiten.

Seit ich erlebt habe, wie Gott einer jungen Frau ein taubes Ohr geöffnet hat, habe ich kein Recht mehr und will es auch gar nicht, anders zu denken als aus dieser erneuerten, höheren Perspektive. Ich erwarte jetzt bei jeder Person, für die ich bete, dass sie geheilt wird.

Seit ich finanzielle Versorgung erlebt habe, kann ich nicht mehr anders, als großzügig zu sein. Mein Vater wird mich immer versorgen, weil er immer derselbe ist (vgl. Hebräer 13,8); darum kann ich großzügig in sein Reich investieren. Ich lasse mich nicht durch einen niedrigen Kontostand belügen und mein Leben in dieser erneuerten, höheren Perspektive stoppen. Ich weiß, dass Gott mich versorgt, weil ich es am eigenen Leib erlebt habe. Nun ist es meine Verantwortung, aus diesen Situationen den Dünger für ein nächstes Wunder zu ziehen.

Wenn wir unsere Träume nicht auf dem Altar der Angst opfern wollen, müssen wir beginnen, auf dem Fundament der Erlebnisse mit Gott aufzubauen. Es wird immer Gründe geben, warum wir unsere Träume nicht verwirklichen können oder sollen. Wenn wir sie aber aus Gottes höherer Perspektive anschauen, gibt es sehr wohl einen guten Grund, warum wir sie verwirklichen sollen – weil er uns nämlich dazu geschaffen und berufen hat!

Im Haus des Synagogenvorstehers Jairus schickte Jesus die bezahlten Klagefrauen aus dem Zimmer und erweckte das kleine Mädchen wieder zum Leben. Warum schickte er die Frauen weg? Wollte er die Atmosphäre schützen und entließ deswegen die Klagefrauen, die nicht glaubten, dass ein Wunder geschehen wird? Nein. Jesus war überzeugt, dass die Tochter von Jairus wieder lebendig würde, und entließ darum die eingestellten Klagefrauen. Sie wurden nicht mehr gebraucht, denn er wusste, *es* würde geschehen! Jesus lebte und handelte in einer solchen Überzeugung – einer höheren Perspektive, die ihn befähigte, die Absichten und Wahrheiten seines Vaters über die Fakten zu stellen und in einem totalen Vertrauen zum Vater zu leben!

Lass dich von Gott in eine Begegnung einladen, die deine Perspektive genauso verändert! Lass ihn dir offenbaren, was er dir alles geschenkt hat. Überprüfe dein himmlisches Bankkonto und stelle fest, dass dir alle Mittel gegeben sind! Wir sind sein Leib, und Jesus wohnt in uns mit seiner ganzen Fülle! Gott will diese Fülle in all ihren Ausmaßen der ganzen Welt zeigen – durch dich und mich!

> *Ja, Gott hat ihm alles unter die Füße gelegt, und er hat ihn, den Herrscher über das ganze Universum, zum Haupt der Gemeinde gemacht. Sie ist sein Leib, und er lebt in ihr mit seiner ganzen Fülle – er, der alles und alle mit seiner Gegenwart erfüllt* (Epheser 1,22-23 NGÜ).

Kapitel 10

Auf eine Begegnung aus sein …

Dem Vater begegnen

Um die Erde wie den Himmel gestalten zu können, müssen wir das Herz des Vaters kennen. Jesus, unser Vorbild, war das perfekte Abbild des Vaters (vgl. Kolosser 1,15). Er tat, was er den Vater tun sah. Das Herz des Vaters zu kennen ist keine Theorie oder Theologie, die man erlernen oder mit dem Verstand erfassen kann. Das Herz des Vaters gilt es durch eine intime Liebesbeziehung mit ihm zu entdecken. Oft reduzieren wir das Evangelium (die gute Nachricht) auf eine schöne Theorie oder auf eine rhetorisch gut verpackte Religion. Das war jedoch nie Gottes Absicht. Von Anfang an war er ausschließlich an einer Beziehung zu uns Menschen interessiert.

Schon immer war die Bibel als Einladung zu einer Begegnung mit Gott gedacht.

> Jede Offenbarung, die uns nicht in eine Begegnung mit Gott bringt, macht uns nur religiöser.[1]

> *Er hat uns fähig gemacht, Diener des neuen Bundes zu sein – eines Bundes, der sich nicht mehr auf das schriftlich niedergelegte Gesetz gründet, sondern auf das Wirken von Gottes Geist. Denn das Gesetz bringt den Tod, aber der Geist [Gottes] macht lebendig* (2. Korinther 3,9 NGÜ).

---

[1] Bill Johnson.

Erkenntnis ist, wie wir bereits wissen, im hebräischen Weltverständnis eine Erfahrung mit allen fünf Sinnen – eher ein Erleben als ein Verstehen:

> *1. Mose 4,1: Und Adam* ***erkannte*** *seine Frau Eva, und sie ward schwanger und gebar den Kain …* (LUT – Fettdruck durch den Autor).

Wenn wir heute von Erkenntnis reden, meinen wir gewöhnlich einen Gedankengang. Das ist nicht falsch, solange dieser Gedankengang uns in eine Begegnung mit dem Vater führt und unsere Beziehung zu ihm vertieft. Aus der Erkenntnis Gottes (mit allen fünf Sinnen) entsteht ein Resultat – nämlich Frucht. Wenn wir ihn erkennen bzw. ihm begegnen, werden wir „schwanger" und bringen Frucht. Nicht, weil wir uns anstrengen, sondern weil dies ein Nebenprodukt unserer Begegnung mit ihm ist. Wir können uns eine Theologie aufbauen, in der wir keine Begegnung mit dem Vater brauchen – wo uns Wissen alleine genügt. **Wenn wir jedoch nie eine Begegnung mit ihm haben, werden wir nie erkennen, wie gut er wirklich ist.**

Solange wir nicht erkennen, wie gut er wirklich ist, werden wir das auch der Welt um uns herum nie zeigen können. Solange wir keine Begegnung mit Gott haben, die alle unsere Erwartungen und Theorien sprengt, werden wir nie an den Punkt kommen, an dem wir unseren Vater getreu widerspiegeln. Dafür braucht es Begegnung, Erfahrung, Erkenntnis. In Hebräer 10,19 steht geschrieben: *„Deshalb, liebe Freunde, können wir jetzt zuversichtlich in das Allerheiligste des Himmels hineingehen, denn das Blut von Jesus hat uns den Weg geöffnet"* (NLB). Wir sind eingeladen, in das Allerheiligste hineinzugehen.

Nimmst du die Einladung zur Begegnung an, oder gibst du dich mit einer Theorie zufrieden, die du nie selber erlebt hast?

Wenn wir den Vater erlebt haben und unsere Erfahrungen weitergeben, wird der Himmel auf die Erde kommen. Jesus teilte das

Herz des Vaters mit dem Volk Israel. Was daraus entstand, ist erstaunlich: Menschen wurden geheilt, befreit, getröstet und erlebten Gnade. Sie wurden geehrt und wertgeschätzt. Das Herz des Vaters befähigt Menschen, zu den Personen zu werden, als die sie erschaffen wurden. Und wann immer Menschen zu den Personen geworden sind, zu denen sie erschaffen wurden, ist der Himmel auf die Erde gekommen.

Du bist im Himmel entstanden, und dein Ursprung liegt in Gott. Wenn du jemand bist, den sich Gott ausgedacht hat, ist ein Gedanke Gottes aus dem Himmel auf der Erde zur Realität geworden. Ein Teil des Himmels kommt in dir zur Erde.

Wenn du dich selbst bist, zieht dies den Himmel und die Gegenwart Gottes an!

Jesus hat gebetet: *„Dein Reich komme. Dein Wille geschehe, wie im Himmel so auf Erden"* (Matthäus 6,10 LUT). Sein Wille ist „sozo" – Rettung, Heilung und Befreiung. Und zwar nicht nur im Himmel, sondern bereits auf der Erde: *„Siehe, jetzt ist die Zeit der Gnade, siehe, jetzt ist der Tag des Heils [„sozo"]!"* (2. Korinther 6,2 LUT).

Den Himmel auf die Erde zu bringen heißt, in Übereinstimmung zu kommen mit seinem Königreich. Im Himmel gibt es keine Krankheit und kein Weinen: „Er wird alle ihre Tränen abwischen, und es wird keinen Tod und keine Trauer und kein Weinen und keinen Schmerz mehr geben" (Offenbarung 21,4 NLB). In Übereinstimmung mit dem Königreich des Himmels zu kommen, bedeutet Gerechtigkeit, Frieden und Freude. Denn: „Gerechtigkeit, Frieden und Freude ist das Königreich Gottes, im Heiligen Geist" (vgl. Römer 14,17).

New York

Über einen Ort bzw. eine Stadt kannst du im Internet oder aus einem Lexikon viel erfahren. Die gewonnenen Informationen kannst du sehr gut als Theorie weitergeben. Dein Wissen verändert sich jedoch, wenn du selber die Erfahrung gemacht und diesen Ort besucht hast.

Als ich das erste Mal meinen Bruder in New York besuchte, wurde ich von den vielen Eindrücken förmlich bombardiert. Und das, obwohl ich schon vor meinem Besuch tausende Bilder von New York gesehen hatte. Ich wusste bereits, wie es in etwa aussehen würde. Als ich aber den Puls der Stadt hautnah erlebte, war das etwas komplett anderes: Neben den Wolkenkratzern kam ich mir wie ein Zwerg vor. Die Größe und Schönheit der Stadt faszinierten mich. Ich machte hunderte Fotos und genoss jede Sekunde. Ich konnte kaum fassen, was für architektonische Meisterwerke ich dort sah. Nach meinem Besuch schwärmte ich von New York und konnte mich kaum zurückhalten. Ich freue mich bereits auf meinen nächsten Besuch in dieser Stadt, die niemals schläft, und erzähle jedem, wie wunderbar es dort ist.

Erkenntnis und Erlebnis sind immer besser als Wissen. **Wissen alleine wird dich schlussendlich nie zufriedenstellen.** Manchmal haben wir das Gefühl, Wissen allein reiche. Wir bemerken erst, wie viel wir verpasst haben, wenn wir etwas erleben, wovon wir vorher nur gehört hatten. Genauso verhält es sich mit Gott: Was du brauchst, ist eine persönliche Begegnung mit ihm!

Begegnungen mit Gott können sehr unterschiedlich sein. Ich begegne Gott oft in der Anbetung, wenn mich seine Liebe überwältigt oder ich seinen Frieden spüre (innerlich und äußerlich). Einige Male erlebte ich seine Liebe so intensiv, dass es mich schmerzte.

Manchmal gebe ich mich ihm auch einfach hin, indem ich es mir bequem mache, ruhige Musik höre und mich auf seine Gegenwart konzentriere. Dabei erfüllt mich oft seine tiefe Freude und Liebe, ich fühle seine Gegenwart wie Öl das über meinen Körper fließt. Seine Gegenwart ist wunderschön und sehr angenehm!

Gott zu begegnen ist nicht schwer, weil er sich eine Begegnung mit uns mehr wünscht, als wir sie uns wünschen! In Psalm 34,8 lädt uns Gott in eine Begegnung mit ihm ein: *„Probiert es aus und erlebt selbst, wie gut der Herr ist! Glücklich ist, wer bei ihm Zuflucht sucht!"* (HFA).

Eine Begegnung sein

Zeichen und Wunder, Heilungen und andere übernatürliche Dinge sind ein Beweis dafür, dass das Königreich auf die Erde gekommen ist. Die Menschheit wurde dafür erschaffen, von Christus erfüllt zu sein: *„Christus in euch – die Hoffnung auf Gottes Herrlichkeit!"* (Kolosser 1,27 NGÜ). Wir sind dazu erschaffen, seine Gegenwart in uns zu tragen und dadurch eine Wohnung für den Heiligen Geist zu sein. Denn überall, wo er ist, ist das Königreich Gottes: „Denn *das Reich Gottes* ist nicht Essen und Trinken, sondern Gerechtigkeit und Friede und Freude *in dem Heiligen Geist*" (Römer 14,17 LUT – Kursivstellen durch den Autor). Der Himmel – und damit das Königreich Gottes – ist, wo der Heilige Geist ist. **Wann immer du unterwegs bist, erfüllt mit dem Heiligen Geist, bist du Himmel auf Erden**.

Jesus hat es uns vorgemacht, was es heißt, erfüllt mit dem Heiligen Geist unterwegs zu sein. Überall, wo er war, liebte er die Menschen, tat ihnen Gutes und brachte den Himmel auf die Erde! Für uns bedeutet das, die Kultur des Himmels überall dorthin zu bringen, wo auch wir sind, indem wir den Menschen Gesundheit, Freude, Liebe, Annahme, Ermutigung etc. weitergeben.

„Jesus von Nazaret wurde von Gott mit dem Heiligen Geist gesalbt und mit Kraft erfüllt und zog dann im ganzen Land umher, tat Gutes und heilte alle, die der Teufel in seiner Gewalt hatte; denn Gott war mit ihm" (Apostelgeschichte 10,38 NGÜ).

Städte und Länder werden verändert, wenn wir den Vater widerspiegeln und seine Gegenwart uns erfüllt. **Wenn Gottes Gegenwart dich erfüllt und auf dir ruht, wird jeder, der dir begegnet, ihm begegnen**. Seine Gegenwart wird auf dir ruhen, wenn du mit ihm eine intime Beziehung eingehst. Intimität schafft immer *Vertrauen*. Er wird dir seine Gegenwart *anvertrauen*.

Jesus erzählte den Menschen ein Gleichnis: *„Mit dem Himmelreich ist es wie mit dem Sauerteig. Eine Frau nimmt eine Hand voll davon, mengt ihn unter einen halben Sack Mehl, und am Ende ist die ganze Masse durchsäuert"* (Matthäus 13,33 NGÜ). So ist es beim Vater: Jeder, der ihm begegnet, kommt in Kontakt mit dem Königreich, und jeder, der in Kontakt mit dem Königreich kommt, wird einen Teil Sauerteig abbekommen, der seine Spuren hinterlässt.

Für die Welt um uns herum sind wir eine Begegnung mit Gott. Zeichen und Wunder, Heilungen und alle anderen Wirkungen sind nur Auswirkungen davon, dass er in uns wohnt und seine Gegenwart uns erfüllt.

In Aarau haben wir aus diesem Grund die „Healing Rooms" eröffnet. Wir wollen den Menschen eine Begegnung mit dem Vater schenken. Denn sein Herz schlägt immer für Heilung und Wiederherstellung. Und immer wenn Personen Heilung erfahren, erleben sie den Vater. Was wir in unserer Begegnung mit ihm erlebt haben, geben wir weiter, damit andere dasselbe erleben können, denn nach einer Begegnung mit dem Vater kann man nicht mehr weiterleben wie zuvor. Es ist lebensverändernd. Auf diese Weise verändern wir unsere Stadt stetig und nehmen sie nach und nach ein – so wie ein wenig Sauerteig den ganzen Teig durchsäuert. Heilungen geschehen als Zeichen, dass der Himmel auf der Erde ist und sich immer weiter ausdehnt.

Aber zuerst schulden wir uns selbst eine Begegnung mit Gott, bei der wir erfüllt werden mit dem Heiligen Geist. Danach schulden wir der Welt um uns herum eine Begegnung mit ihm, damit der Heilige Geist auch sie erfüllt und ihnen eine Begegnung mit dem Vater und die Offenbarung seines Herzens schenken kann. Auf diese Weise wird der Himmel auf der Erde freigesetzt.

Meine Begegnungen mit dem Vater haben mich verändert und mir die höhere, göttliche Perspektive geschenkt. Dieses Buch habe ich geschrieben, weil ich meine Erkenntnis weitergeben möchte, damit möglichst viele Menschen dieselben Erfahrungen machen und dadurch befähigt werden, zu den Menschen zu werden, zu denen sie geschaffen wurden.

Wenn es dich ermutigt hat, Gott zu begegnen, wäre dies mein schönster Lohn. Von nun an sollst und wirst du den Menschen in deinem Umfeld Begegnungen mit dem liebenden Vater schenken und dadurch den Himmel auf die Erde bringen. **Du bist eine Begegnung mit Gott.** Jeder, der dir begegnet, begegnet ihm, denn Christus lebt in dir und mit ihm die ganze Herrlichkeit von Gott (vgl. Kolosser 1,27).

Begegne Gott und erfahre hautnah, wie gut und gnädig er ist!

Lebe dein Leben

Ich habe dieses Buch begonnen mit der Frage der Entscheidung zwischen Gesetz und Gnade. Hast du Gnade gewählt, ist es genau diese Entscheidung, die das Fundament für ein Leben in Freiheit bildet. Auf dieses Fundament kannst du aufbauen, wenn du deine Identität und Gott als Vater kennst.

Ich wünsche dir, dass du dein Leben als Sohn oder Tochter Gottes in Freiheit leben kannst und dich täglich erfreust an der Gnade und Güte Gottes.

> *Probiert es aus und erlebt selbst, wie gut der Herr ist! Glücklich ist, wer bei ihm Zuflucht sucht!* (Psalm 34,8 HFA).

Über den Autor

Silvan Carabin ist der Leiter der Supernatural Life Academy (SLA) und der Healing Rooms Aarau, zudem Mitglied der operativen Gemeindeleitung der FCG Aarau. Seine Frau Melanie und er leben dafür, den Himmel auf die Erde zu bringen.

Kontakt: silvan.carabin@gmx.ch

Weitere Produkte von GloryWorld-Medien

„Kirche nach dem Herzen Gottes"

Wayne Jacobsen, Geliebt!

Tag für Tag in der Zuneigung des himmlischen Vaters leben

240 S., Paperback

Jeden Tag ein Leben zu führen, in dem wir völlig sicher sind, dass wir bedingungslos von Gott geliebt sind – ist das wirklich möglich, und wie sieht das konkret aus?

Wayne Jacobsen bringt uns Schritt für Schritt nahe, wie tief die Liebe Gottes zu uns tatsächlich ist. Wir entdecken dabei, dass wir nicht zu Sklaven, sondern zu Söhnen und Töchtern berufen sind. Die liebevolle Zuneigung unseres Vaters im Himmel gilt uns in allen Umständen. Wir erfahren eine lebendige Beziehung zu ihm, die uns von der Qual der Scham befreit und uns so verändert, dass wir als seine Kinder leben können.

Chris Gore, In Gottes Heilungskraft leben

Wenn Zeichen und Wunder ganz natürlich von uns ausgehen

160 S.; Paperback

In Gottes Heilungskraft zu leben und zu wirken, ist einfacher als wir denken. Chris Gore, der Leiter der Heilungsdienste der Bethel Church, zeigt auf, wie jeder Christ effektiv für einen Lebensstil der Heilungen und Wunder zugerüstet und aktiviert werden kann. Wirklich den Charakter Gottes zu kennen, Hindernisse für einen solchen Lebensstil zu überwinden und lernen, darauf zu vertrauen, dass Gott das Übernatürliche tut, sind nur einige der Themen, die angesprochen werden.

Gary Oates, Öffne mir die Augen, Herr

Wie wir mit Gott und seinen Engeln zusammenarbeiten können

120 Seiten; Paperback

Das Leben des heutigen „Normalchristen" ist nur wenig vom Übernatürlichen geprägt. Bei Gary Oates war das nicht anders, bis er durch einen großen geistlichen Hunger einige einschneidende Erlebnisse mit Gott hatte. Er wurde auf dramatische Weise im Geist in die Gegenwart Gottes versetzt und es wurden ihm die Augen für den Dienst der Engel geöffnet.

Dieses Buch geht nicht nur auf diese Erlebnisse ein, sondern ist eine praktische Anleitung dafür, wie wir in eine solche Vertrautheit mit Gott hineinfinden können, dass auch unsere geistlichen Sinne für diese himmlischen Dimensionen geöffnet werden.

Bill Johnson/ Randy Clark, Berufen zu heilen I

Grundlagen und Praxis des Gebets für Kranke, 240 S., Pb.

Jeder Christ kann von Gott gebraucht werden, um anderen Heilung zukommen zu lassen. Das ist das Anliegen der beiden Autoren. Dazu berichten Sie, wie Gott sie in den Heilungsdienst hineinführte, und legen anschließend klare biblische Grundlagen für das Heilungsgebet. Im umfangreichsten Teil gehen sie auf verschiedene Aspekte ein, die für eine Heilung förderlich sind, erläutern, wie seelische und körperliche Krankheiten zusammenhängen und stellen dann ein in der Praxis bewährtes Modell für das Gebet um Heilung vor, das für alle Christen leicht anwendbar ist.

Judy Franklin / Beni Johnson, Den Himmel erleben

Wie wir in Gottes Dimension eintreten können

Vorwort von Bill Johnson; 200 S., Pb.

Judy Franklin, die Sekretärin von Bill Johnson, versteht es meisterhaft, die christliche Gemeinde zu ihrem ursprünglichen Auftrag, im Geist zu leben, zurückzuführen. Ihr Buch liest sich wie eine Schatzkarte, die einen vom Chaos dieser Welt zu übernatürlichen Erfahrungen führt.

Aufgrund ihrer Kindheitserlebnisse hatte Judy Franklin lange Zeit gedacht, sie sei dumm und könne nicht geliebt werden. In diesem Buch berichtet sie, wie Gott sie in die himmlische Welt sehen ließ und ihr persönlich begegnete, sodass sie diese Erfahrungen überwinden konnte.

Die praktischen Tipps und Anleitungen helfen Ihnen, den Vater sehr persönlich kennenzulernen. Die Autorin berichtet, wie sie Hindernisse zu dieser Erfahrung überwand, und bezeugt dadurch Gottes Kraft zu heilen und seine liebevolle Freundlichkeit und Güte gegenüber allen, die sich danach sehnen, ihn zu kennen und eine tiefere Vertrautheit mit Christus zu erleben.

Cal Pierce, Eine Vision für Heilungsräume

Wenn Heilung durch Gebet so normal wird wie ein Arztbesuch

120 S.; Paperback

Welche Antworten hat die christliche Gemeinde auf die zunehmenden „unheilbaren" Krankheiten? 80 Jahre, nachdem John G. Lake damit begonnen hatte, in Spokane sogenannte Heilungsräume („healing rooms") einzurichten, wurde Cal Pierce von Gott geführt, diese Räume wiederzueröffnen. Viele Tausende haben dort inzwischen eine heilende Begegnung mit Gott erlebt. Er erzählt die packende Geschichte, wie es dazu kam, und vermittelt gleichzeitig die Vision für solche Heilungsräume weltweit.

Barry & Lori Byrne, Liebe in der Ehe

Eine tiefere geistliche, emotionale und körperliche Einheit erleben; Vorwort von Bill Johnson; 334 S., Klappenbroschur

Gott möchte, dass die Ehe ein Ort echter Liebe und Vertrautheit ist. Dafür brauchen wir die Hilfe des Heiligen Geistes. Mit ihm können wir die Ursachen unserer Konflikte erkennen und überwinden. Unsere Ehe kann Heilung und Wiederherstellung erfahren, egal, wie der momentane Zustand ist.

Mit klarer biblischer Lehre und vielen praktischen Hilfen packen die Autoren die wichtigsten heißen Eisen an. Viele ermutigende Erfahrungsberichte verdeutlichen die dramatische Heilung und Intimität, die mit Gottes Hilfe möglich ist.

Chris Overstreet, Übernatürlich evangelisieren

Ein Handbuch für die Praxis; 160 S., Paperback;

Vorwort von Bill Johnson

Übernatürlich evangelisieren hat das Potenzial, in uns das Feuer der Liebe Gottes zu entzünden, um Menschen, die Gott nicht kennen, mit seinem Herzen und seiner Kraft in Berührung zu bringen. Wir lernen uns ganz praktisch in das einzuklinken, was Gott mit den Menschen vorhat, denen wir im Alltag begegnen – wie es auch Jesus getan hat.

Zu den behandelten Themen gehören: Eine Reich-Gottes-Mentalität pflegen | Grundwerte des Evangelisierens | Wie wir Menschen zum Herrn führen können | In der Öffentlichkeit für Kranke beten | Prophetisches Evangelisieren | Angst und Ablehnung überwinden. Jedes Kapitel schließt mit einem Anwendungsteil, um das Gelernte zu reflektieren, in der Gruppe zu besprechen und im Alltag anzuwenden.

Beni Johnson, Der glückliche Fürbitter

Mit Gott die Welt bewegen, ohne die Freude zu verlieren

Vorwort von Bill Johnson; 180 S., Paperback

Beni Johnson (die Frau von Bill Johnson) nimmt uns mit auf ihre Reise von einer schüchternen Person zu einer kühnen, aber glücklichen Fürbitterin. Gott offenbarte ihr einen Weg, wie sie aus seiner Gegenwart und seiner Liebe heraus in Einklang mit seinem Herzen effektiv beten kann.

Dieser Weg steht jedem Menschen offen. Fürbitte muss nicht dazu führen, dass uns die Anliegen und Probleme, für die wir eine Last haben, unter Druck bringen oder emotional beeinträchtigen. Den Himmel auf die Erde zu holen, kann sogar regelrecht Spaß machen. Unmögliches wird plötzlich möglich – ob es dabei um „kleine" Dinge in unserem persönlichen Umfeld geht oder um die Veränderung des geistlichen Klimas über unseren Städten und Nationen.

Jonathan Welton, Die Schule der Seher

Eine praktische Anleitung, wie man ins Unsichtbare hineinsehen kann; 224 S.; Pb.; Vorwort von Randy Clark

Viele Christen haben angefangen, übernatürliche Phänomene zu erleben: Träume, (offene) Visionen, Engel oder Dämonen. Aber es mangelt ihnen an solider biblischer Lehre und sie sind zu dem geworden, was man als *Seherwaisen* bezeichnet: Sie suchen verzweifelt nach jemandem, der sie trainiert, ermutigt und freisetzt.

Das Ziel von Jonathan Welton war deshalb, ein praktisches Handbuch herauszubringen, das den Leib Christi mit den Informationen ausrüstet, die notwendig sind, um in der Dimension des Prophetischen bzw. des Sehers zu wachsen und im Leben im Übernatürlichen Reife zu erlangen.

Frank Krause, Die Armee

Impulse zur aktuellen geistlichen Revolution; 300 S., Pb.

Die Zukunft hat begonnen. Das Verlangen nach Wahrheit, Orientierung und positiven Visionen schwillt an wie eine Flut. Menschen wollen definitiv wissen, wie sie vom Heiligen Geist verwandelt werden können, um in die Dimension der Herrlichkeit Gottes und der engen Beziehung mit Jesus, genannt „Jüngerschaft", eintreten zu können.

Sie sind bereit, dafür zu kämpfen und alle Hindernisse zu überwinden. Sie haben das Spiel religiöser Nichtigkeit und frommen Missbrauchs satt und wollen zu Jesus selbst finden und mit ihm gehen – in Liebe und Wahrheit.

Paul Manwaring, Die Herrlichkeit Gottes

Was sie ist und wie unser Leben davon geprägt sein kann

264 S.; Paperback; Vorwort von Bill Johnson.

Gott hat eine Leidenschaft: Er möchte, dass wir seine Herrlichkeit kennen, und zwar schon hier auf Erden!

Paul Manwaring, der Leiter des apostolischen Netzwerk der Bethel Church, beschreibt seinen Weg in dieses Verlangen Gottes hinein. Er verfolgt die Spuren der Offenbarung von Gottes Herrlichkeit durch die Bibel hindurch und lädt uns ein, Moses Wunsch an Gott zu folgen: „Zeige mir deine Herrlichkeit." „Dies könnte das ermutigendste Buch sein, das Sie je lesen werden" (Bill Johnson).

Bestellen Sie im Buchhandel oder direkt beim Verlag:

GloryWorld-Medien | Postfach 4170 | D-76625 Bruchsal
Fon: 07257-903396 (ab1.12.14: 02801-9874200) | info@gloryworld.de

Aktuelles, Leseproben, Downloads & Shop: **www.gloryworld.de**